Prevención del suicidio adolescente

Prevención del suicidio adolescente

Patxi Izaguirre

PREVENCIÓN DEL SUICIDIO ADOLESCENTE

CUANDO VIVIR ASUSTA MÁS QUE MORIR

TOROMÍTICO

Ediciones Toromítico • Colección Padres y educadores
Director editorial: Óscar Córdoba
Editora: Ángeles López
Correctora: Carmen Gómez Pérez
Maquetación: Miguel Andréu

www.editorialalmuzara.com
pedidos@almuzaralibros.com - info@almuzaralibros.com

Editorial Toromítico
Parque Logístico de Córdoba. Ctra. Palma del Río, km 4
C/8, Nave L2, n° 3. 14005 - Córdoba

Imprime: Romanyà Valls
ISBN: 978-84-19962-23-2
Depósito: CO-1552-2024
Hecho e impreso en España - *Made and printed in Spain*

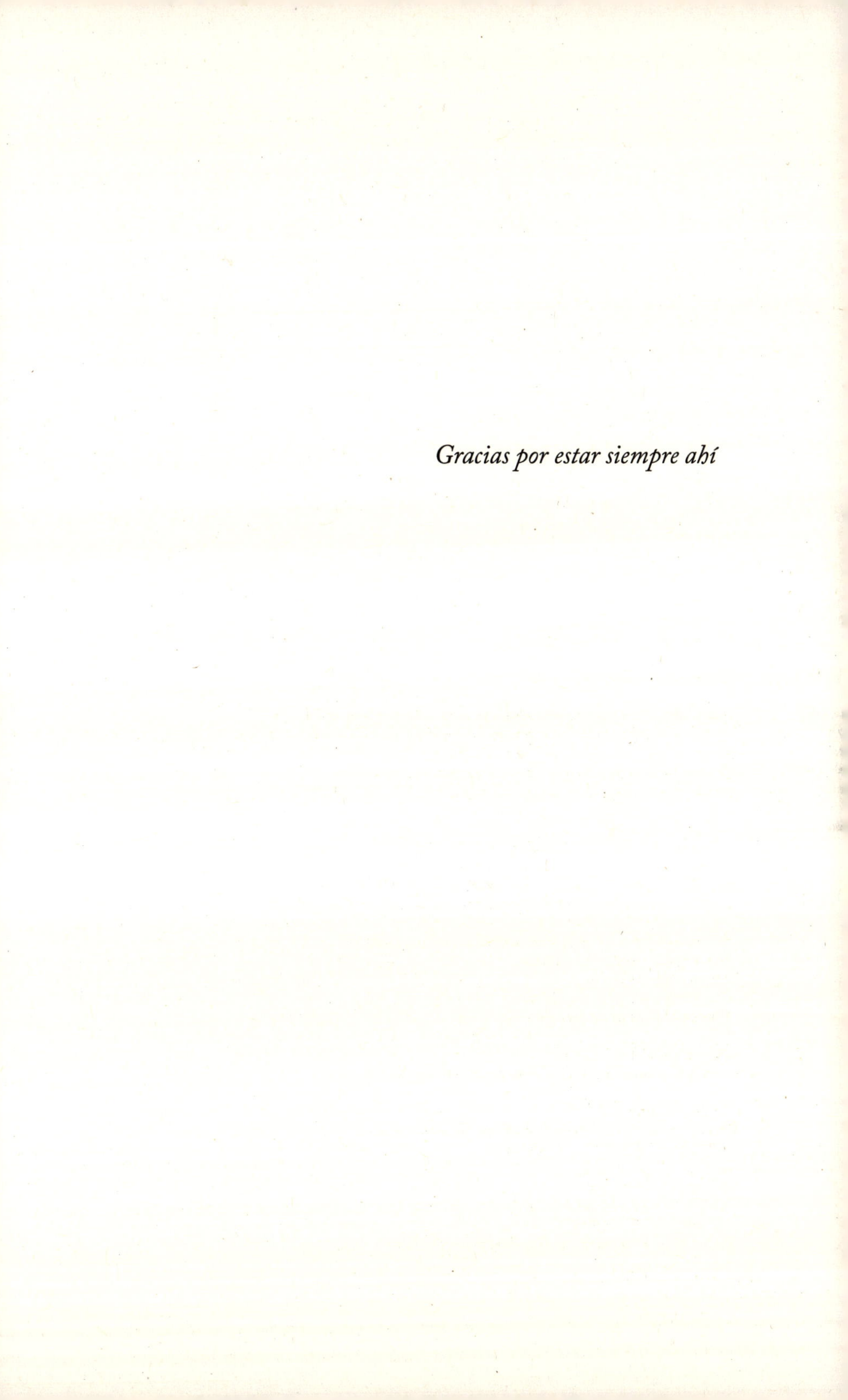

Gracias por estar siempre ahí

¿Quién está siempre dispuesto a escucharnos en este mundo?
Si no un amigo y un maestro, un hermano, un padre, una madre, si no
una hermana, un vecino, un hijo, si no un señor, un campesino?
¿Nos escucha el consejero, la noble señora, el hombre noble, que están cerca
de nosotros?

¿A quién se puede decir: aquí estoy?
¡Mira mi desnudez, mírame las heridas, el sufrimiento secreto, la desilu-
sión, los temores, el dolor, el desagrado indecible, el miedo, la soledad!

¡Escucha por un día, una hora solamente, solamente un momento, para
que ya no perezca en el horror del salvaje aislamiento!

¡Oh Dios, no hay nadie que me escuche…!

Séneca, hacia el año 65

Índice

1. INTRODUCCIÓN

Este libro nace de la necesidad. Veo el considerable aumento de tentativas suicidas en nuestra juventud y no quiero mirar a otro lado de forma impasible. Los datos de las muertes por suicidio en edad joven me conmueven y la prevalencia de las tentativas de suicidio refuerza aún más mi preocupación.

Cuando el sufrimiento invisible y la soledad absoluta dejan a la persona al borde del precipicio, necesitamos crear esperanza para que, al menos, logremos aplazar el intento de acabar con la vida.

Ayer me junté con un antiguo paciente en la calle y nos reconocimos. Charlamos después de diez años y me presentó a su hija, que dormía en la sillita. Me recordó lo dura que fue su juventud, en la que pensó en quitarse la vida porque el dolor lo atrapaba sin esperanza debido a su enfermedad autoinmune y martilleante. Al despedirnos, me miró a los ojos y con emoción me dijo: «¡Y yo que me iba a perder todo esto!».

Además, quiero enfocar mis reflexiones hacia la prevención como prioridad. Mis años de experiencia clínica me han enseñado que el dolor de las heridas de tantas familias a las que he atendido por duelos complicados ante las muertes por suicidio de sus hijos requieren de atención psicosocial para evitar que siga ocurriendo a otras familias. La intervención en las crisis de las muertes traumáticas es una cirugía que requiere atención muy compleja. La posvención tras la tentativa suicida requiere de mucho apoyo y conocimiento para salvar una vida en riesgo. Por tanto, el libro va dirigido a la prevención de las muertes por suicidio. Es más fácil apagar el fuego al ver las primeras llamas que intervenir cuando el incendio está fuera de control. Disponemos de herramientas para salvar vidas y es nuestra responsabilidad el usarlas a tiempo. La prevención y detección temprana de la ideación suicida debe ser más prioritaria que una caries. Las muelas tienen implante y la vida no.

En la construcción del libro quiero empezar dando voz a la persona protagonista del pensamiento suicida. Ponernos en la piel del dolor y la desesperación de quien sufre es para mí prioritario. Sólo de esta manera podremos comprender la verdadera dimensión del riesgo. Analizar y describir las causas que llevan a la persona hasta el precipicio es el comienzo del camino que nos llevará a la prevención y la esperanza.

Continuaremos la reflexión, comprendiendo el miedo y la impotencia que siente el entorno tras comprobar que la persona querida ha intentado suicidarse. Las familias recogen a su ser querido sin entender el por qué, sin saber qué hacer. El entorno de ayuda necesita ser ayudado y orientado ante semejante tarea: velar por la vida de quien ha querido morir y ha fracasado en su intento.

Además del campamento base de la familia, necesitamos la colaboración de todo el pueblo. La escuela para entendernos y arropar sin juicios de valor. El entorno social de amistades para ayudar a sentirse normal y no compadecido o señalado. Los profesionales en salud mental para que podamos guiar la cicatrización de la herida que nunca se olvida. En definitiva, construir un escenario donde merezca la pena darse una oportunidad para seguir viviendo.

Quizás el capítulo sobre la construcción identitaria y el marco conceptual es la parte de reflexión teórica que más pueda ayudar a los profesionales que atendemos situaciones de crisis y trauma. Disponer de mapas que nos orientarán en el territorio nublado de cómo ayudar a quien sufre sin hacerle más daño.

Desgraciadamente hay muchas familias en las que han perdido a su ser querido y necesitan ayuda psicológica para elaborar un duelo muy complicado. Sabemos que, aunque son procesos complejos, existen itinerarios que indican la salida al tormento de semejante laberinto. Describiremos cómo son las linternas que iluminan la oscuridad de la cueva.

Me acerco al contexto social para reflexionar sobre el vacío humanista y la dificultad de ver al otro. Cuando decimos que estamos ante una generación de cristal, pienso en la juventud dentro de una urna transparente en la que nos miramos sin vernos ni poder tocarnos. Hablamos idiomas diferentes y necesitamos traductores que nos ayuden a entendernos. El egocentrismo feroz es la base de la soledad desesperada en la que muchas personas sobreviven. Sabernos mortales nos humaniza, y ser vistos por los otros nos alimenta la esperanza de seguir esperando hasta que salga el sol tras la niebla.

Ojalá la voz desesperanzada con la que comienza el libro pueda entender al final de la lectura que nos podemos dar una oportunidad y aplazar el acto suicida. Utilizar el poder de nuestra imaginación para fantasear sobre un futuro con esperanza y habitar un escenario más habitable. Si somos capaces de haber salvado sólo una vida, nuestra vida habrá tenido sentido. Te invito a leer el libro degustando los capítulos y con pausa reflexiva. ¡Ya vamos demasiado acelerados en la vida! Una vez escuché decir que un jefe de los indios hopi, al ver llegar a las personas que descendían del ferrocarril, miró hacia el rastro de donde procedían y preguntó asombrado por la velocidad: «¿Y cuándo llega el espíritu de las personas?».

2. ¿QUÉ ME ESTÁ PASANDO? ¿POR QUÉ FANTASEO CON SUICIDARME?

Comprender el inicio de la fantasía suicida es necesario para poder prevenirlo. Al igual que la detección temprana de las disfunciones orgánicas, podemos y sabemos descifrar cuándo comienza la distorsión catastrófica de la realidad que está por venir. La persona se da cuenta del debut de la idea, pero nuestra tarea es adelantarnos.

Antes de que el agua se evapore o congele, ha estado expuesta a temperaturas extremas. El problema es que nos habíamos acostumbrado a callar y el aguantar se ha vuelto imposible. Algo nos pasa cuando internamente aparece el susurro suicida de acabar con todo y decir que hasta aquí hemos llegado. No lo hacemos públicamente y la sensación es intensamente rara. Nos estamos saltando la línea roja del peligro y la vulnerabilidad. El pensar en cómo hacerlo nos genera miedo atractivo. Se va cociendo a fuego lento en un contexto multifactorial, pero, sobre todo, *en soledad y de forma clandestina*.

El sufrimiento intenso y continuo, junto con la falta de vínculos de apoyo para sentirse parte del grupo, lleva al adolescente a *la incomprensión desesperanzada*. La soledad en que se siente con sus iguales condiciona el sentimiento de rechazo social y la falta de reconocimiento digno. Tras mendigar ser aceptado y sólo conseguir exclusión, mientras los demás no hacen nada para incluir o proteger, el resultado es el sentimiento de abandono social absoluto. Si a esto sumamos la influencia de referentes sociales idealizados y lejanos de la realidad, la sensación de fracaso vital inunda cualquier intento de dibujar un futuro esperanzador. Se trama la tragedia de cómo hacerlo. La ideación suicida es la salida imaginaria al *sufrimiento inaguantable* y, una vez iniciada la idea, el riesgo de morir por suicidio aumenta de forma exponencial.

En psicología sabemos detectar el inicio de dichos pensamientos y podemos ayudar a orientar hacia las salidas del túnel en caso de incendio y de estar atrapados. Nuestra juventud nos pide ayuda a gritos de silencio y gestos de protesta. Es de justicia escuchar para entender y prevenir la catástrofe. Sabemos que las *casuísticas son muy variadas*. Podemos citar algunas causas como abusos, acoso, enfermedades irreversibles y crónicas, pérdidas afectivas, fracasos, trastornos de ánimo, soledad, falta de propósitos vitales, profunda desesperanza, consumo de tóxicos, violencia, diversidad funcional, angustia existencial… Pero quiero centrarme en la narrativa personal sin elegir un contexto concreto. Daré voz en primera persona a la construcción del relato desesperado y pretendo entender la desesperación antes de plantearnos cómo ayudar y hacia dónde orientar. Invito a la lectura desde el corazón más que desde el análisis racional.

2.1 CUANDO VIVIR ASÍ ASUSTA MÁS QUE MORIR

Llevo tiempo sufriendo y estoy asustado. Me duele vivir así y cada día es una tortura. Veo a la gente bien y yo siempre fuera de todo. ¿Por qué me tiene que pasar a mí? No entiendo y me siento desesperado. Me encantaría ser normal, pero creo que ya no voy a poder con esta mierda nunca. Me asquea que me digan lo bien que les van las cosas. Cada vez estoy más en el agujero y no veo la salida a tanto sufrimiento. Hace tiempo que no duermo bien y estoy agotado. Ir a la cama es un refugio y una cárcel a la vez. Pienso en mi vida así y creo que nada va a cambiar e iré a peor. No sé por qué estoy en pensamiento bucle; me viene la idea de morir y no puedo quitarla de mi cabeza. Es como un disco rayado; no la puedo controlar y me atrapa. ¡Que pare esta tortura de una vez, por favor! Todos los días igual y tengo que disimular fingiendo que no me pasa nada. Voy por la calle como un zombi. A veces me parece que se dan cuenta y me están descubriendo. No imaginan hasta dónde estoy dispuesto a llegar. No imagináis cómo duele esto; es un desgarro constante y no puedo más. Estoy muerto en vida y llevo sobreviviendo demasiado tiempo. Lloro en silencio y no me ven. Ellos siguen a lo suyo con lo que hay que hacer y no se enteran de nada. No entiendo tanta insistencia en preguntarme e ignorarme. Qué fácil se anima cuando ellos están bien. No me entienden, no estoy bien y llevo demasiado tiempo sintiéndome horrible. Esto es siempre así y ya no puedo más. Es insoportable y mejor me bajo de la vida. No quiero seguir viviendo así y si muero pararé tanto sufrimiento. Desde que pensé en hacerlo ya no me lo puedo quitar de la cabeza y la idea suicida me asusta y calma a la vez. No es que se me han cruzado los cables y lo hago de forma impulsiva; llevo mucho tiempo sufriendo y ya no soy yo, estoy como hechizado. ¡Si al menos supiese que algún día todo esto va a terminar! No tengo sosiego y no sé relajarme. No puedo esperar y el silencio me carcome. Siento mucha ansiedad y no sé parar. Todo va muy rápido y, aunque intente respirar para calmarme, no tengo paciencia ni pausa.

2.2 ATRAPADO Y SIN SALIDA

Le he dado mil vueltas a la rotonda y, por muchos cruces que cojo, todos son callejones sin salida. No tengo esperanza y sé que ya nada va a ser igual. No es que no vea la salida, es que no existe y no quiero alargar esta agonía. Si al menos supiese que el dolor cesará y que voy a dejar de verlo todo tan negro, pero no es posible porque ya no puedo hacer que desaparezca toda esta mierda. Ya nada volverá a ser igual y por mucho que lo intento no puedo imaginar una vida normal. Veo a la gente con planes e ilusión y yo siempre igual, hecho polvo y desesperanzado. Vivir para siempre con este peso no es posible y no tiene sentido para mí. Busco y rebusco la esperanza de que cesará tanto sufrimiento y llegará algo de alivio, pero no lo encuentro y estoy cansado de engañarme a mí mismo. Yo sólo quiero parar el sufrimiento. No sé si habrá algo cuando me muera, pero al menos se acabará mi tortura. Tengo la esperanza de parar esto. He visto a gente joven como yo que también se ha ido y pienso que al menos ya no están sufriendo. No saben lo terrible que es vivir así y me estoy volviendo loco. Me dicen que tenga esperanza y que ya se pasará, pero yo cada vez me encuentro más abatido y sin rumbo. Vivir así no tiene sentido y esto no va a acabar nunca. Me siento como una persona torturada y quiero que me dejen ya morir en paz. No puedo soportar más daño y pido clemencia para acabar con esto. Es imposible echar marcha atrás y ya he llegado demasiado lejos; nunca podré volver a sonreír. Es tanto tiempo así… Siempre caigo en la misma sensación y a los demás no les pasa. Me dicen que tenga esperanza y sólo tengo dolor. No puedo olvidar lo que pasó y me tortura la idea de vivir siempre con este trauma. No me creyeron y nunca hablamos de lo que pasó. Intenté contárselo, pero me hicieron sentir que eran imaginaciones mías. Parecía que me lo había inventado o que me lo había buscado. Ya no puedo dejar de consumir y siempre caigo en lo mismo. Estoy harto. Si se enteran de lo que he hecho, no me volverían a mirar a la cara. Me levanto cada mañana y no puedo pensar en otra cosa.

2.3 INVISIBLE Y EN SOLEDAD

Me siento muy solo y nadie me entiende. He intentado contar que no puedo más y que me duele la vida, pero veo gestos y miradas que no me entienden. Yo no estoy así porque quiero y parece que es culpa mía. Que tendría que ser fuerte y espabilar, escucho. Me dicen que hay más oportunidades en la vida y me cuentan historias de gente que está peor que yo. Como si yo quisiera quedarme en esta situación y fuese alguien quejoso o me hiciese la víctima. Creo que en el fondo no soportan verme mal y quieren que les diga lo que no es verdad. No estoy bien y cada vez me encuentro peor. Ya no me llama nadie y se han cansado de mí. No cuentan conmigo y ya no me escriben. Percibo que en cuanto muestro algo de mi infierno enseguida me dicen lo que tengo que hacer o lo que no tengo que pensar, y yo no estoy así porque disfrute con ello. No me entienden y cada vez estoy más solo y no cuento nada. ¿Para qué voy a hablar si no me entiendo ni yo? Sé que no es fácil todo esto, pero para mí tampoco, y veo que se están cansando de mí. Me siento como en una pecera dando vueltas y viendo fuera una vida inalcanzable. Me miran con distancia, pero no me ven porque fuera de la pecera la vida es otra cosa. No sé cómo puedo contar lo que me pasa y no quiero asustar a nadie. A veces pienso que sin mí los de casa estarán mejor. Si imagino las caras de quienes me están despreciando cuando me muera, estoy convencido de que se darán cuenta de lo mal que se han portado conmigo. Entonces sí verán mi dolor y entenderán lo solo que me sentiría, pero ya será tarde y la culpa pesará sobre sus conciencias. También pienso en quienes quiero y el dolor que les voy a provocar. Igual tendría que dejarles alguna carta o algo escrito para que no se culpen por mi muerte. No sé… Sólo quiero dejar de sufrir y no comerme tanto la cabeza; ya no puedo más. Qué sentido tiene mi vida si ya no puedo contar con esa persona tan especial. No tengo amigos, no estoy con nadie, no le importo a nadie, todos van a lo suyo, no quiero preocupar a mi familia y las veces que he intentado contactar con alguien en algún foro me he sentido utilizado. ¡Si al menos alguien pudiese entender cómo me siento y pudiese contarle mi realidad clandestina! Si supiese que me van a llamar y que haremos algún plan juntos… Las vacaciones son un asco porque todos hacen cosas y yo no tengo a nadie. No me llaman y pasan de mí. No me quieren y, por mucho que les dicen que me inviten a ir, yo sé que no me quieren con ellos y que les molesto. No pertenezco a ningún grupo y no puedo vincularme con nadie. Pienso en estar así toda mi vida y me angustio todavía más; no quiero ser pesado.

No entiendo la crueldad de tanto abandono y rechazo. Todo el mundo va a lo suyo y les importo una mierda. Todo dios se mira a su ombligo y me siento invisible. Me ignoran de tal manera que me he hecho pequeño hasta no reconocerme ni yo mismo. Ahora ya las veces que he quedado con alguien no sé de qué hablar y me bloqueo. Pienso que soy raro y que me van a rechazar. Los veo tan sueltos y yo tan callado que la siguiente *vez no salgo. Me dicen que me aíslo y que tengo que poner de mi parte. Nuevamente soy culpable y lo hago mal. Todo lo fastidio y nada tiene sentido. ¡Qué asco! Siempre es lo mismo y no hay manera de que todo esto cambie. Estoy solo y desesperado.*

Escucho las canciones y me siento identificado con la soledad porque soy invisible ante la mirada de los demás. Parece como si las hubiese escrito yo mismo. No entiendo la razón por la que no estamos juntos con todo lo que nos parecemos. Intento seguirles la corriente y adaptarme a sus planes, pero tampoco ser siempre complaciente y disimular mi opinión. No puedo discrepar porque les molesta y no quiero ser rechazado. Aunque sólo fuese por privado en la red me bastaría. Saber que existe alguien que se acuerde de mí y a quien pueda contarle mis cosas.

Sé que tengo que aprender a escuchar a los demás también, porque a veces me centro sólo en lo mío. Cuando tengo gestos o detalles con los demás, facilito que se sientan bien conmigo. Empiezo a dar generosamente en lugar de esperar a que me den primero; intento crear buen ambiente y estoy atento a que no se aprovechen de mí. No quiero manipular afectivamente a nadie y que nadie lo haga conmigo. Los ratos en los que estamos juntos y hacemos cualquier plan me siento contento. Estamos juntos en la aventura de vivir, jugando a lo que sea, pero juntos. Ya no quiero que me ignoren más veces; no quiero sentirme solo e invisible en una sociedad enferma de valores humanistas. Estamos trastornados por la indiferencia social, que nos corroe con crueldad y total impunidad. No quiero ser castigado por pensar diferente. El destierro del rechazo social por no someterme a sus ideas me deja a la intemperie en el frío de la noche.

En ocasiones, me siento entendido o al menos no juzgado por cómo soy. No hay miradas de riña, de desprecio, ni de personas que eluden estar conmigo porque argumentan que no son una ONG. Cuando veo una mirada cordial y afable dejo de sentirme vacío, comprendo que no estoy solo y que importo a alguien. Entonces, siento que merece la pena vivir y es posible aún volver a levantarme de las caídas, una vez más. Me ayudaría mucho saber que hay alguien a quien importo de verdad y que libremente elige compartir su tiempo conmigo.

2.4 INMEDIATEZ E IMPACIENCIA

Ya no tengo más paciencia ni ganas de seguir esperando. Quiero dejar de agobiarme ya y que pare todo esto. Le he mandado un mensaje y veo que lo ha leído hace cinco minutos; no me ha respondido nada, me está ignorando. Me dicen que esté tranquilo y respire profundamente. Ya no me sirve y tampoco me calma la pastilla. Me voy a correr y me doy la vuelta agobiado. Pongo una serie y tengo que acabarla hoy. Ya no sé cómo llenar este vacío que siento y tengo que hacer algo. No quiero ir más a clase, me agobio y es siempre lo mismo. Paso de ir a los entrenamientos porque son un rollo y nunca me ponen en el partido. Soy impulsivo y me gusta la intensidad. No quiero perder el tiempo y no sé qué hacer. Empiezo las cosas y no las termino. Me canso enseguida y no aguanto la rutina. Nada me calma y todo lo que me dicen no me sirve para nada. Ya sé que me puede la angustia y a veces para encontrar alivio me pellizco. Incluso me he mordido en alguna ocasión. No sé por qué lo hago, pero es como si me calmara por un instante. Alguna noche no he podido frenar y me he hecho una raya con una tijera. Ya no sé nada, creo que me estoy volviendo loco. No puedo dejar de beber y cuando no me pillan lo hago compulsivamente; luego me siento peor. Algo me quema por dentro y no puedo parar de pensar. Tengo que hacer lo que sea para escapar de estos pensamientos y, aunque intente entretenerme, no logro concentrarme con nada. Últimamente estoy en mi mundo y no hablo nada. Me he quedado mudo y aunque me hablen no les contexto. Sólo quiero que me dejen en paz.

2.5 CÓMO ME VEN LOS DEMÁS

Creo que me ven como a alguien fracasado y solo. Soy lo peor y estoy colgado. A veces me miran con cara de pena y todavía me siento peor; al principio me calma y luego me siento inútil. Aunque me inviten a salir, sé que tienen un grupo paralelo y quedan entre ellos sin avisarme. Sólo me llaman cuando necesitan algo de mí y estoy harto de que se aprovechen. Ya sé que no tengo que compararme, pero lo hago y me siento de menos. Son más importantes que yo y es como si me miraran de arriba hacia abajo. Pasan de mí y no les importo. Seguro que me ven ridículo y frágil, sobre todo inseguro y tímido. Normal que no quieran incluirme en sus grupos con lo seta que soy. Hablan de cualquier cosa y yo siempre callado, porque no sé y no quiero meter la pata. Estar en silencio me resulta difícil y me pesan sus gestos porque veo desprecio. Si empiezo algún tema no sé qué más decir y enseguida se pasan a otra cosa. En realidad es que no me ven y no les importo, no me voy a engañar. Soy aburrido y no tengo nada que ofrecerles; además, tenemos estilos muy diferentes y me cansan. Para ellos soy alguien invisible y nadie se fija en mí de forma especial. Es duro ver que nadie me ve y, si lo hacen, es detrás de las cortinas para criticarme. Soy como un apestado y no quieren contagiarse con mi presencia. Cuántas miradas de reojo y sin disimulo noto a mi alrededor. Si supieran de verdad lo que estoy pensando y me atreviera a decirles la verdad, fliparían y sería peor. Paso de que me vean y prefiero ir a sitios donde no me conocen. No soporto que me pregunten qué tal estoy cuando sé que no les importa y lo hacen por quedar bien delante de los demás. El otro día en el bus me sentía muy raro y me parecía que me miraban extraño. Cada vez me siento más ausente y no quiero juntarme con nadie, evito que me vean. No quiero que me pregunten en casa porque me agobian y no quiero hablar más del tema. Me pregunto por qué nadie me ha hecho caso de verdad y me ignoran. Llevo tiempo mendigando y pidiendo migajas para que cuenten conmigo para algo y estoy harto de que me rechacen. Me ningunean y estoy cansado de estar siempre complaciendo o buscando la aprobación de los demás sin atreverme a dar mi opinión de verdad. Ya me han puesto una etiqueta y siempre será así. Estoy marcado, y eso no va a cambiar jamás. No me veo reflejado en ninguna mirada y no encuentro espejos que me entiendan. La mirada de los demás me ignora y me persigue la soledad. En realidad veo en sus ojos el desprecio y pasan de mí olímpicamente. Creo que me ven como alguien ridículo y estoy seguro de que se ríen de mí. No quiero derrumbarme delante de esas miradas porque me siento muy vulnerable. Veo en mis padres la pena y la preocupación. Sé que sufren conmigo y no saben qué hacer ni cómo ayudarme.

2.6 ¡UFFF, YA NO PUEDO MÁS!

No tienen ni idea de lo que estoy pasando. Me duele demasiado y me estoy cayendo. Ya tiro la toalla porque la angustia no me deja ni respirar. Es un continuo suspirar y sufrir para nada. Nada tiene sentido y no quiero seguir así. Hace un tiempo que fantaseo en cómo será la vida sin mí. No sé cómo aguanto tanto sufrimiento y no me he vuelto loco. Esto no lo puede soportar nadie y ninguna persona sabe lo que he aguantado hasta ahora. Tengo claro que se están cansando de mí y ya no saben qué hacer conmigo. He intentado de todo y nada me sirve. Estoy en medio del desierto sin agua y ya nadie me puede rescatar. Me rindo porque esta sed vital es insoportable. Le he dado vueltas a dejar los estudios y decir en casa que hace meses que ya no voy a la facultad. Dejo el piso y vuelvo a casa para dejar esta mentira. Es imposible porque les haría mucho daño, pero ya no puedo con esta farsa. Soy un fraude y me siento impostor.

No pueden saber que les estoy engañando, no soportaría su dolor y me sentiría muy culpable. Todo esto no tiene ningún sentido y lo mejor es acabar ya de una vez. No entienden que ya no soporto tanta humillación y burla; además, ahora lo sabe todo el mundo y circula por todos los sitios. Si al menos tuviese algún propósito en la vida, algún objetivo por el que luchar y una meta que conseguir. Veo a los demás con sus amigos y sus planes. Siguen con sus estudios y otros ya han empezado a tener dinero con sus trabajillos. Otros tienen pareja y se los ve con ilusión. No tengo ningún objetivo claro y nada por lo que esforzarme. Todo me resulta estéril y nada sirve. Hasta aquí y ya no puedo más. Me duele todo y ya no tengo momentos de tranquilidad. Tengo dolor de cabeza y no duermo, me levanto con sensación de agobio todos los días. Siempre es lo mismo y ya no puedo más. Evito salir a la calle. Evito ya casi todo y sólo quiero encerrarme en mi cuarto y refugiarme en la cama. Prefiero quedarme en casa y desaparecer.

2.7 NO QUIERO SER UNA CARGA

Noto que ya no saben cómo ayudarme y mi malestar es siempre igual. No me dicen nada, pero veo que siempre están pendientes de mí y no quiero condicionarles la vida. Ya bastante carga es para mí esta vida de mierda y seguro que si me muero viven mejor.

No imaginan la losa que siento; es algo que no puedo explicar, pero que me aplasta la vida todos los días. Sé que están desespe-

rados y agotados. Ya no saben qué hacer y aunque no lo reconozcan están hartos de mí. No pueden viajar ni disfrutar con sus amigos como antes. Siempre pendientes de mí y yo atrapado sin ninguna alegría. Qué más quisiera yo que poder sonreír, pero, aunque finjo, se nota y ya no merece la pena seguir adelante. Yo ya no sé qué me pasa con la comida, pero no lo puedo parar y me obsesiono todo el rato. Me miro al espejo y soy un asco. Me veo horrible y nada me sienta bien. Hace tiempo que ya no me reconozco y no tengo nada que hacer en la vida. Morir sería lo mejor y lo veo claro. Todos los días son inacabables y existir es cargante para mi familia. Sé que se acostumbrarán a no estar conmigo y dejaré de darles la lata. Intento imaginar sus vidas sin estar yo y van a estar mejor sin ninguna duda; así no podemos seguir, ya han sufrido demasiado conmigo. Me encantaría no ser así y darles una alegría, pero por mucho que lo intento no puedo. Veo lo agobiados que están en casa con sus trabajos y no quiero darles más disgustos porque no pueden más.

2.8 LA TELARAÑA QUE ME PERSIGUE EN LAS REDES SOCIALES

He visto que han colgado en Instagram mi foto y ahora todo el mundo lo va a saber. No paran de llegarme mensajes y me estoy agobiando. Todas las noches me conecto para ver que sigue ignorándome. He visto que ha colgado una foto con otra persona y seguro que ya están juntos. Sigo a uno influencer *al que le pasa algo parecido a mí y alucino con lo popular que se ha hecho siendo tan friki. Me dicen que no esté conectado al ir a la cama y no entienden que hablamos por la noche. A veces me siento acosado y me parece que me hace chantaje porque me grita o llora. Ya no quiero seguir con la relación, pero no me deja en paz y me hace sentir culpable. Me dice que no quiere seguir viviendo si yo lo dejo y estoy asustado de que pueda hacer una barbaridad. El amigo de uno de clase se suicidó cuando cortaron y no quiero que ahora también pase lo mismo. No quiero contarlo a mis padres porque sería peor. No sé qué me pasa. Hablamos porque me siento enredado; estoy atrapado entre sus palabras y sus gestos. Me dice una cosa verbalmente y otra con los gestos, tono, mirada, lágrimas… Me quedo hecho un lío. Nadie se da cuenta y es así todos los días. Le digo algo y se lo toma mal. Parece que no acierto nunca y quiere que sigamos enganchados en la discusión. Pienso que, al discutir todo el rato, cree que seguimos juntos, y yo lo único que quiero es que me entienda, que ya no quiero seguir la relación. Ya no sé qué hacer y no puedo hacer nada sin que me controle. Me escribe todo el rato y no puedo quedar con mis amigos porque se pone celoso. Quiere que estemos todo el rato juntos y me controla si estoy en línea todo el rato. Pienso en bloquearle y luego es peor, porque se pone muy furioso. Si no le respondo enseguida me hace chantaje y se monta películas. Se ha convertido en algo obsesivo y estoy atrapado. No lo puedo controlar y sólo quiero que me deje en paz. Me amenaza con el suicidio y al final voy a suicidarme yo porque no veo forma de salir de este laberinto. Nunca me dejará en paz. No sé cómo manejar este sentimiento de culpa que me está destrozando.*

2.9 COQUETEO CON EL CÓMO HACERLO

Pienso en cómo acabar con este calvario y no veo la manera de hacerlo. He mirado en internet, pero me asusta. Pienso que se van a dar cuenta y sospecharán. Tengo miedo a que me duela y no acierte. Llevo tiempo con cortes pequeños y me asusto. He pensado en alguna altura porque sería más rápido. Lo más sen-

cillo sería coger las pastillas y hacerlo cuando esté solo. El otro día en el metro imaginé que también sería muy rápido. A veces me asusto con los cuchillos y pienso que un día no voy a controlar. ¡No sé si quiero morir, mierda! Que pare esta locura, por favor, porque ya no puedo más. No quiero seguir viviendo así. Ahora cualquier imagen que evoca el suicidio me agobia. Vi una imagen de un ahorcamiento y me dio una crisis de ansiedad. Me pregunto qué pasará en el momento de realizarlo. No quiero rayarme y estoy tan mal que cualquier día de estos lo haré con lo que se me ocurra en el momento. Creo que será como un cortocircuito y saldrá como tenga que salir, porque esto no hay quien lo aguante. Llevo tanto tiempo pensando en que ya nada tiene sentido que tengo que hacer algo para acabar con todo esto. No soy ni cobarde ni valiente; estoy desesperado y desesperadamente atrapado. Mi vida me asfixia y quizás asfixiándome paro esta locura de una vez por todas. No quiero hacerlo y que no salga bien. Soportar aún más dolor y que el cuerpo resista sería una tortura. No quiero quedarme dependiente y encarcelado en mi cuerpo. Leo lo que les ha pasado con las pastillas y dicen que duele mucho la tripa. ¡Ay, no sé, me estoy agobiando! Sólo quiero parar con esto y estoy en bucle. No puedo pensar más.

2.10 ME DOY LA ESPALDA Y ME CUESTA PEDIR AUXILIO

Siento mucha vergüenza de que se enteren los demás. Me gustaría borrar todo lo que ha pasado, pero ya es tarde. Podría ir a urgencias y pedir ayuda, pero no quiero que se sepa o me ingresen. Llevo mucho tiempo así y no quiero volver a lo mismo. Por mucho que me animen, ya no confío en estar mejor. Hay una parte de mí que ya no controlo y lo mejor será desaparecer.

Empiezo a sentir una calma novedosa porque ya he tomado la decisión. Tomo muchas pastillas que hay en el cajón y bebo alcohol para tragarlas. Me estoy quedando adormilado y me duele mucho la tripa. Me he hecho un corte profundo y veo mucha sangre. Me asusto y no sé qué hacer. Me acerco al puente de la carretera y no puedo acceder porque han puesto una valla. Me ven los coches que pasan y tocan la bocina. ¡Ay, ama! Todo esto es surrealista y estoy aterrado. Quiero que sea todo más rápido y se está complicando mucho.

Igual es mejor que llame al 024 o al 112. Qué vergüenza. Ya no sé nada y siento que no soy yo.

¡Ayúdame, por favor, ayúdame!

¡No me riñas, ayúdame, por favor, ayúdame!

¡No te enfades conmigo, por favor, no te enfades!

Os he fallado a todos.

Estoy aterrado y no sé nada.

Cojo el teléfono y llamo.

CONCLUSIONES

En el capítulo 2 he intentado sumergirme en la vivencia de quien está sufriendo ideación suicida. El pensamiento repetitivo y el sufrimiento desesperado reflejan el inicio de plantearse el final de la vida. Es posible que el poso de angustia que destila la lectura del actual capítulo nos ayude a *ponernos en la piel* de quien está gestando su precipitado final. La soledad profunda es el sentimiento clave a la hora de entender cómo se va gestando la idea. A la angustia se une el desprecio porque nadie está dispuesto ya a escuchar de forma reiterativa el sufrimiento indecible. Atender la angustia de quien queremos nos conecta con la *impoten-*

cia; decimos lo que tienen que hacer en lugar de sostenerlo incondicionalmente. No lo ayudamos para que pueda apaciguar la angustia. Aunque haya gente y la familia esté cerca, quiero resaltar la *soledad comunicativa*. El factor principal para prevenir el suicidio es tener alguien a quien podamos mostrar de verdad y en profundidad nuestro infierno. *Es primordial contar con un vínculo comunicativo seguro e incondicional para hablar de nuestro calvario y sentirnos entendidos.* La persona escuchadora, además de ser empática, mostrar escucha activa y estar en relación cercana con la víctima de ideación suicida, es necesario que no sea motivo de preocupación para nuestro joven protagonista desesperado. Sentir que nos está fallando o que nos desbordamos emocionalmente es algo que dificulta el hilo comunicativo; sin darnos cuenta se corta la comunicación o no hay cobertura. Cuando decimos que su vida pende de un hilo, es literal. *La comunicación terapéutica puede salvar una vida en los momentos críticos.* Por eso sabemos que no es tan fácil crear dicha comunicación de rescate en situación de alto riesgo. No es falta de cariño hacia sus familias; es soledad en bucle catastrofista e incapacidad de soltar la bola. No quieren hacer daño o preocupar a nadie más. Se sienten una carga y la vida es una losa. No ven esperanza y no tienen un propósito por el que seguir esforzándose en la vida.

En algunos casos interpretan que es un acto libre y honorable, sin darse cuenta de que, en lugar de morir, lo que desean es dejar de vivir con tanto sufrimiento. Ojalá fuésemos capaces de abrir la lata del agobio sellado, facilitar el alivio y ayudar a que se dé otra oportunidad. La intervención experta del cardiólogo en un momento clave puede salvar la vida, y la del psicólogo o psiquiatra también. Los que han sufrido un infarto son entendidos por otros infartados, pero son curados por cardiólogos. La comunicación terapéutica es curativa y los profesionales de la salud tenemos el deber de estar bien preparados para salvar vidas. No vale cualquier cosa y ya está bien de jugar a ser expertos en todo. Ya no sirve que desarrollemos programas de concienciación y visibilización del drama del suicidio, sino que ofrezcamos los recursos necesarios para atender el flujo de las tensiones psicológicas en aumento constante.

No es indicador de salud democrática el dejar de acompañar a personas que han transitado por el precipicio de la vida, excusándose en razones de sufrimiento inherente a la vida. *La salud mental está en crisis* y requiere de atención justa y digna. Argumentar que en la salud pública no debemos atender al sufrimiento cotidiano que nuestra juventud padece y tildarlos de generación de cristal es dejación de funciones y abandono psicosocial. Camuflar intereses económicos bajo el lema de que la salud mental está dirigida a quienes padecen una enfermedad mental es simplemente un planteamiento caduco y totalmente desfasado en la actualidad. Adecuemos los recursos sanitarios a las necesidades actuales y veremos que la atención infantojuvenil requiere de mucha inversión en recursos de atención psicosocial.

Tras la pandemia tuve la esperanza de que se iba a impulsar la reestructuración del sistema sanitario en materia de salud mental, y aún seguimos a la espera. Tenemos más concienciación sobre la problemática, pero tenemos también más decepción por no recibir la atención necesaria. Es adecuado visibilizar la carencia para hacernos cargo de ello y no darnos la espalda con palabras huecas y balones fuera. En un papel cabe todo, pero en una urgencia no sirve de nada.

RELATO

Cuando era niño no encontró amigos y sufría rechazo social por omisión. Vivía con una familia en la que era querido y formaban un buen sistema familiar. Veíamos fotos en las que participaba en deportes y disfrutaban en diferentes lugares y planes conjuntos. Había desarrollado un cuerpo atlético y hacer deporte era su pasión. Al entrar en la adolescencia empezó a ser un descarte en las elecciones para hacer los grupos de iguales y no pertenecía al grupo deseado. En casa estaba arropado y, aunque académicamente tenía muchas dificultades, la prioridad de la familia era su bienestar y no lo presionaban por los resultados. Comenzó un ciclo formativo de grado medio y le costaba un mundo concentrarse y exponerse a la responsabilidad que suponía sacar adelante sus estudios. El esfuerzo y la voluntad chocaban de lleno con su urgencia y falta de constancia responsable. En su mente se fue gestando un pensamiento evitativo ante el conflicto y un comportamiento compulsivo e impulsivo. Detrás siempre aparecía la rumiación obsesiva. La búsqueda de placer inmediato era la otra cara de la moneda de lo insoportable que le resultaban las dificultades. El consumo de tóxicos era imparable. Se enredada con el móvil todas las noches y su sueño se alteró. Necesitaba ser visto y encontrar la complicidad comunicativa de los chats. Es un escaparate de relatos desesperados e identificación emocional de alto voltaje. Buscaba en línea lo que no encontraba en su realidad cotidiana. Es lo que llamamos en psicología relacional una «identificación proyectiva».

La bola de las frustraciones se fue haciendo cada vez más grande y la dificultad para hablar sobre ello lo fue acercando al mutismo e la ideación suicida. El no hablar se acentuó aún más y las dificultades de comunicación fueron cociendo a fuego lento la bola insoportable. En casa temían su mirada ausente y desafiante. Era como si el mundo le hubiese fallado y no hubiese esperanza para encontrar ilusión. El ánimo iba oscilando entre el entusiasmo y la apatía. Las rutinas comenzaron a ser muy rígidas y exageradas, de tal manera que eran todo o nada. El deporte se convirtió en esclavitud. Los tóxicos eran un refugio sin límites y a escondidas. La alimentación era un termómetro que reflejaba su estado de ánimo y su mirada estaba ausente o, mejor dicho, planeando el portazo a la vida. No encontraba aliciente a una vida así. Los objetivos que iniciaba, tras insistencia externa, se caían en el primer asalto y no tenían continuidad. Las ilusiones intensas eran igualmente fugaces y se desinflaban, como su ánimo. Un tatuaje o una moto, una mascota o un viaje, unas prácticas, un rollito, una serie… Nada le llenaba porque se sentía vacío por dentro. Le faltaba lo más importante: quererse a sí mismo. No le gustaba ser quien era y buscaba ser el que nunca alcanzaba a encarnar. La incesante búsqueda fuera de modelos y referentes con el objetivo de ser valorado y sentirse alguien interesante se convirtió en la zanahoria identitaria que perseguía ciegamente. No entendía el patrón de pensamiento que le había llevado a tal nivel de insatisfacción vital y no sabía cómo hablar de lo que sentía. Su mutismo era el reflejo de la sensación de fracaso. El bucle de autodesprecio y agotamiento esclavo lo llevaron a la extenuación existencial. Estaba decidido a poner punto final y lo intentó varias veces.

Hablaban de un trastorno del ánimo y la necesidad de psicofármacos. No se ponían de acuerdo en el diagnóstico y variaba la medicación. La realidad es que entró en el infierno de varias tentativas y sendos ingresos psiquiátricos. Fue una montaña rusa en la que él y su familia sufrieron lo que nadie imagina si no lo ha vivido. La realidad supera la ficción del terror. Ingresos largos y otros cortos, pero un sin vivir constante. Hablar con él era muy complicado. Sus miradas sostenidas duraban apenas un instante en el que nos jugábamos todo el partido.

En el calvario de aquellos años, las relaciones sociales no duraban lo necesario. Alguna relación afectiva puntual fue un espejismo que precipitó aún más la desesperanza. La conversación familiar le resultaba sobreprotectora y se volvía tirano ante los ofrecimientos de ayuda. Necesitaba ser calmado en sus angustias y no tanto satisfacer las necesidades inmediatas. Escuchar la angustia para diluir el tedio vital es la prioridad. Su arma secreta era ser pasivo-agresivo mordiendo la mano que le daba de comer. Era el reflejo de lo que se hacía a sí mismo ante las frustraciones no asimiladas de la vida. Se sentía tan enano que había imaginado un plan de gigante que compensara sus penurias. En busca de la ilusión perdida y sin más mapas que la confusión, la desesperación y las prisas, siempre hacia fuera, porque mirar hacia dentro era insufrible y vergonzoso. Necesitaba ser alguien valorado y de alguna forma recuperar la intensidad ilusionante para la vida. Se rindió a ser un personaje que imaginaba exitoso y se avergonzaba cada vez más de la persona fracasada que se sabía en su interior. Se despreciaba a sí mismo, quería sentirse bien ya y sin esperar el esfuerzo de construir un propósito vital. No encontraba un objetivo para la vida que le llenase y se encerraba en su cueva con doble cerrojo.

En el camino encontró psicólogos y psiquiatras que le supimos ayudar. Con todos pudo aprender a comunicarse hacia fuera y deshacer la bola que se acumulaba dentro. Entendió la sensación que se despertaba en su cuerpo y pudo traducir la emoción intensa que le provocaba en su estado de ánimo. Tuvo que entrenar de manera diferente el pensamiento automático que le arrastraba a una conducta equivocada. Procesar la asignación de significado a estados de ánimo tan intensos fue la clave de su recuperación. Estaba preso de lo que sentía y no entendía. Por eso *buscaba en el hacer la salida a semejante laberinto confuso y convulso. Primero sentir e identificarlo, luego pensar y entenderlo, y finalmente decidir qué hacer o qué decisión tomar. Construimos una hoja de ruta reconocible para recuperar la armonía vital.*

Hoy es el día en el que no es un enfermo y no necesita ser tratado como tal. Ha aprendido a pedir ayuda y atrás quedaron los ingresos continuados. Trabaja en un centro sanitario y se siente útil ayudando a otras personas. Sentir que lo que hacemos en la vida tiene sentido para los demás da sentido a nuestros planes existenciales. La autoestima tiene un halo de colectividad que implica sentirnos bien en la ayuda a los demás. Ha conocido a una persona con la que comparte su vida y se acompañan mutuamente para surfear las olas de la vida. Está atento a los atracones de rutinas obsesivas y se pilla a tiempo porque ya se conoce; pero ahora se acepta y se da la mano en lugar de darse la espalda. Hace años que nos conocimos y de vez en cuando me llama para ayudarle a soltar la bola antes de que se haga más grande.

Voy a dejar la vivencia de su familia para el relato del capítulo siguiente y entender la mirada de quienes conviven con el infierno de la incertidumbre mortal. Os aseguro que es un camino de oscuridad en el que de noche no hay farolas que alumbran hacia dónde seguir caminando y el miedo es agónico.

3. ¿CÓMO HEMOS LLEGADO HASTA AQUÍ SIN DARNOS CUENTA Y CÓMO PODEMOS AYUDARLE?

La incredulidad inunda el hogar de quien ha realizado una tentativa suicida. Mil preguntas en la mente que se resumen en una sola cuestión: incomprensión. El entorno familiar acogerá con mucha incertidumbre el cuidado de quien necesita ser protegido de forma muy especial. Además de la enorme responsabilidad del cometido, la familia no sabe cómo hacerlo y el bloqueo se ha convertido en desconfianza. Un día volvieron a casa del hospital tras el nacimiento y la inseguridad requería de atención, observación y mucho apoyo. Era la ilusión de comenzar una nueva vida en el hogar y las visitas con regalos y llenas de buenos propósitos ayudaron. La lactancia era a demanda y el ligero lloro de la noche era atendido al momento. Empezar a salir a la calle era una oportunidad para recibir las felicitaciones y todo el cariño de la comunidad. Ahora traen a la misma criaturita ya adolescente, pero con el agravante de que ha intentado abandonar la vida sin decirnos nada. Vuelven con el estigma, la culpa y la vergüenza grabada en sus miradas. Sienten que es momento de silenciar y darían lo que fuese por borrar el registro de todo lo sucedido y que nadie lo sepa. No es posible olvidar lo sucedido y la alarma queda encendida las veinticuatro horas. Están aturdidos y salen del mismo hospital con la cara desencajada, pero fingiendo para que no se note.

La orientación psicológica es fundamental para cicatrizar la herida sangrante en la que se encuentra el sistema de familia. Es de justicia atender al sistema familiar de forma inclusiva y diseñar un plan de intervención comunicativa en la vuelta a casa. Recordaremos que la herida en una rama afecta a todo el árbol, y la intervención, por tanto, debe ser integral. No debemos abandonar a su suerte a una familia inundada en tanta vulnerabilidad e inseguridad. Tenemos que mostrar mucha cautela y sensibilidad al indagar sobre los indicadores de riesgo que han podido darse antes de la tentativa. La familia no es culpable de lo ocurrido y no podemos revictimizar al sistema familiar.

Además, en ocasiones, no hay tales indicadores y no debemos psicopatologizar el sufrimiento inherente a la vida, haciendo que los familiares se hagan cargo de lo que no son responsables.

Por ello, daré voz propia a la familia e intentaré acercar la narrativa del estado emocional en la que se encuentran los protagonistas de cuidar al protagonista principal.

3.1 VOLVEMOS A CASA CON MUCHO MIEDO E INSEGURIDAD

Nos han dicho en urgencias que volvamos a casa tras ser atendidos por la ingesta masiva de medicamentos. Nos llamarán desde salud mental dándonos cita. Nos miramos de reojo y con prisa porque queremos irnos a casa, pero no así. Nos explican la no conveniencia de permanecer ingresado, puesto que no hay psicopatología de base y lo tratan como una situación adaptativa. En realidad no entendemos mucho lo que nos dicen y queremos volver a casa y salir de la pesadilla. El silencio corta el ambiente. Doy gracias por abrazar y tocar a quien más quiero. No he de negar que también siento rabia y frustración porque no nos dijo nada antes de hacerlo. Tengo que hablar con alguien de todo esto porque si no me voy a volver loco. Nos dan tranquilizantes, pero tenemos que custodiarle para que no se haga daño. Nos dicen que llamemos si volvemos a necesitar ayuda y pienso que igual sería mejor quedarnos unos días en el hospital hasta organizarlo todo. ¡Por Dios, esto no puede estar pasando en nuestra casa! No pego ojo por la noche y me asomo a su cuarto para comprobar que esté bien. Miro en foros y leo todo lo que puedo para saber qué pautas son las adecuadas para ayudar a mi vida querida que ha intentado irse de este mundo. Estoy aterrado; quiero llorar y gritar, pero estoy bloqueado por el miedo y la inseguridad. Creo que están tardando para darnos cita en Salud Mental y vamos a llamar. Nos da miedo dejarlo solo y nos turnamos para estar cerca. Pienso en lo que hubiese pasado si no hubiese venido ese día antes a casa y no hubiésemos llegado a tiempo al hospital. ¡Qué pesadilla! ¿En qué hemos fallado?

3.2 VAMOS A SITUARNOS EN EL MAPA... ESTAMOS PERDIDOS

Pero ¿cómo hemos llegado hasta aquí? Nunca hubiese imaginado que algo así se estaba tramando en su cabeza. Necesitamos entender para poder ayudar. Llamamos para hablar con quienes lo atendieron y no hemos podido contactar. Nos dicen que ya nos devolverán la llamada y la espera se nos hace eterna. No sabemos si es mejor preguntarle por lo ocurrido o esperar que nos hable cuando quiera. Nos centramos en otros temas de cuidado y entretenimiento, pero nos asusta tocar el tema. Nos recomiendan no atosigar con preguntas e intentar volver a la normalidad, y eso es imposible.

Algo tendríamos que contar a su hermano, aunque creo que se huele lo que hay. Los abuelos también preguntan; no queremos preocuparlos más y les diremos más adelante. Tendremos que avisar a la escuela y hablar con la tutora, aunque igual es mejor discreción y que no sepan nada. No queremos rumores y que se lo etiquete, porque somos así de morbosos.

Creemos que es mejor que no se meta al cuarto con el móvil por la noche y que desconecte internet. No sabemos si es mejor presionar o dejarlo hacer y nos está resultando difícil situarnos en la ayuda. Nos preguntamos si está deprimido, aunque nos han dicho que es una reacción adaptativa con ánimo ansioso depresivo y no entendemos muy bien lo que significa. Nos han hablado de un psicólogo que trata estos temas y le vamos a plantear coger cita, aunque no está muy animado para empezar la terapia. Por mucho repaso que damos a las razones que nos han traído hasta aquí, no encontramos respuestas convincentes. Ya es hora de volver al trabajo, pero no estoy tranquilo dejándolo solo. Igual pido una baja laboral o me planteo tomarme una excedencia para cuidarlo mejor.

3.3 VIGILANCIA INTENSIVA SIN QUE SE NOTE

Nos han dicho en el hospital que no lo dejemos solo y lo vigilemos en todo momento. Son unas indicaciones que nos sitúan en el peligro de la situación y no entendemos que nos manden así a casa. No nos hacía mucha gracia que se quedase ingresado en Psiquiatría y tras la conversación con la doctora hemos valorado volver a casa. Ya no es tan pequeño y nos resulta muy difícil vigilar sin que se note. Claro que estamos muy preocupados y lo nota, aunque intentemos disimular. De hecho, nos ponemos más nerviosos y discutimos en pareja más de lo recomendable porque llevamos ritmos diferentes. A veces no le entiendo y me parece que no se ha enterado de lo que ha pasado con nuestro hijo. Piensa que lo mejor es obviar el tema, hacer como que no ha pasado nada, y yo no lo soporto. No recuerdo una situación tan grave donde realmente necesitara de su implicación y seguridad para hacer frente a un problemón como este. Me está fallando y no es el momento, porque nuestro hijo necesita vernos unidos y que vamos a una.

Cuando nuestro hijo sale a la calle estamos pendientes del teléfono y vigilantes del lugar al que va. Cualquier signo de sospecha despierta nuestra alarma y preferimos saber a dónde va y con quién está. Cuando vuelva a sus estudios, hablaremos con el centro y mantendremos contacto directo ante cualquier signo de alarma. No le gusta estar sintiéndose vigilado todo el rato y tenemos que aprender a confiar. Se ha roto la confianza por el miedo a que vuelva a repetirlo. Si una vez lo ha intentado, ¿cómo sabemos que no volverá a intentarlo? Se ha tenido que sentir muy mal para llegar hasta donde ha llegado y estamos desolados. Me siento tentado de revisar sus cosas y mirar su móvil. Intento rastrear los lugares que frecuenta en la red y no nos gusta esta sensación detectivesca. Para recuperar la confianza tiene que haber otras formas menos invasivas en las que nos entendamos mejor. Todavía recuerdo cuando era niño y todos los riesgos se delimitaban a la caída del tobogán en el parque. Nadie nos advirtió que los riesgos de la adolescencia requieren de otro tipo de atención permanente. Tanta preocupación por la orientación académica y en un instante se va todo por la borda.

Supimos qué hacer cuando era niño y llevábamos las riendas de hacia dónde ir. Los silencios duraban menos tiempo y nuestros empujones tenían más o menos efecto reactivo. Nos veían en el parque y ante una situación complicada nuestra mirada los modulaba. Pero ahora ya no alcanzamos a llegar hasta su cueva y estamos solos en la distancia, aunque convivamos en la misma casa.

3.4 APUNTALAR LA GRIETA Y REFORZAR EL CAMPAMENTO BASE

Nos sentimos culpables de lo sucedido y buscamos los errores que hemos cometido para semejante desastre. Nada nos consuela y sabemos que hemos fracasado en su educación para la vida. La culpa la tienen las compañías que últimamente frecuentaba. No me gustaba para nada esa chica con la que estaba saliendo. No le podíamos decir nada y lo sabía todo. Lo único que hemos hecho es trabajar para que no les faltara de nada y mira en qué ha acabado todo. Ni la escuela, ni su grupo, ni en las clases particulares se han dado cuenta de nada.

Podemos seguir poniendo la culpa fuera o culparnos a nosotros mismos, pero esto no nos ayudará a sacar a nuestro hijo para adelante. Tenemos que asumir la responsabilidad de ayudarlo, y para ello es prioritario buscar ayuda profesional que nos oriente. Necesitamos entender lo que ha ocurrido para que no vuelvan a fallar todas las alarmas. Sabemos que es fundamental la buena comunicación y parece que el idioma que sabemos no es suficiente. Queremos aprender a escuchar activamente sin que la urgencia de saber frustre el intento de hablarnos. Tenemos que hacer de la casa un lugar seguro. Nuestro hogar debe convertirse en un refugio de confianza y hemos de saber que cualquier problema tiene cabida. También nosotros nos sentimos abrumados ante lo que entendemos como conducta egocéntrica por su parte. Vemos que va a lo suyo y nos desesperamos mientras observamos que no hace nada. Sabemos que necesita nuestro apoyo y valoración; y nosotros también necesitamos de su colaboración y responsabilidad para salir del pozo. No sabemos si hacemos bien cuando nos desbordamos, pero en ocasiones nos parece que se aprovecha de nosotros. Esto es injusto y muy egoísta. ¡Ufffff! Qué difícil es todo esto y nos cuesta verlo con perspectiva. Sabemos que la pausa y el silencio son importantes, pero nos puede la prisa y la impulsividad, de la misma manera que le ocurre a nuestro hijo. Sólo queremos que todo esto quede atrás y nos sirva para aprender de ello. Ya sabemos que no lo podremos olvidar, pero, al menos, que no se vuelva a repetir.

Tenemos que aprender a contarnos las cosas y saberlas entender sin caer en el juicio. No es fácil cuidar los gestos, porque se nota lo que sentimos ante su relato. Ahora empezamos a comprender que es mejor no disimularlo y hablar de lo que sentimos en lugar de enjuiciarlo. Poner en voz alta nuestro miedo es mejor que disimularlo. Es el primer paso para aprender a responsabilizarnos de nuestra situación y modular mejor la comunicación activa. Todo lo demás es teatro e infantilización sobreprotectora. Antes le decíamos lo que tenía que hacer y opinamos sobre lo que había hecho. Ahora entendemos que así aprendió a no contarnos lo importante, porque no escuchábamos la verdad que no se atrevía a contarnos para no preocuparnos.

No queremos hablarlo con nuestros amigos y necesitamos también su arrope y comprensión. Para aliviar todo lo que nos ha pasado necesitamos expresarlo y normalizar la expresión de miedo e inseguridad, sin que nos venza el temor a lo que puedan pensar de nosotros. No queremos hacer como que no ha pasado nada porque tenemos que hacerle un sitio adecuado a lo que nos ha ocurrido. Una cicatriz sin que nos asuste tanto como ahora por tener miedo a que se reabra la herida, que es aún muy profunda. Sólo pedimos que todo esto nos haga una familia más unida y sepamos reconstruir nuestro hogar como lugar seguro.

3.5 ANTES DE HABLARLE VOY A ESCUCHARLE

Nos resulta muy difícil su silencio. Queremos saber lo que está pensando y no acertamos en preguntarle. Notamos que se siente incómodo ante nuestras preguntas y nos aguantamos. Hablamos de otras cosas y nos responde con monosílabos. Conversamos entre nosotros para intentar descifrar sus gestos, lágrimas y gruñidos. No nos ponemos de acuerdo en pareja y se nos acaba notando. Quizás es mejor esperar a que saque el tema y nosotros nos sumemos. Sentimos que nos evita y lo que hablamos es de relleno. Normal que no quiera hablar, porque siempre le estamos preguntando a modo de cuestionario. Siempre se ha cerrado en banda y yo he sentido vergüenza para hablarle de lo mío porque no he sabido hacerlo sinceramente.

Ya no aguanto más y voy a empezar a contar lo que yo siento ante lo que ha pasado. Lo quiero hacer para iniciar la comunicación con mi verdad y sin intención de culpar. Hasta ahora no he hablado de mí mismo porque no sé hacerlo y nadie me ha enseñado. Bastante tenían mis padres con sacarnos adelante y nos buscábamos la vida. Los baby boomers *nos hemos curtido en la calle y nos hemos tenido que buscar la vida ante nuestros padres, que eran la generación silenciosa; la comunicación afectiva no se encontraba entre nuestras virtudes.*

Nos dicen que es conveniente crear un clima de seguridad comunicativa en el hogar y ahora el dolor psicológico por lo ocu-

rrido nos invade en cada momento. Nos sentimos culpables y no sabemos reconducir la conversación; pensamos que hablar sobre ello le va a generar daño y no será adecuado. Algo no hemos hecho bien para que nuestro hijo haya intentado quitarse la vida. Nos cuesta hablar de lo que sentimos ante lo ocurrido, incluso a nosotros como pareja. El silencio se apodera de la casa y cada cual está rumiando pensamientos en voz baja. No sabemos cómo hacerlo, pero no vamos a disimular o negar lo ocurrido, porque SÍ ha ocurrido, y nunca se nos va a olvidar.

Pensamos que necesitamos ayuda para aprender a comunicarnos en nuestra angustia y que alguien nos sostenga en la conversación para apaciguar tanta incertidumbre. Si a nosotros, que estamos agobiados, nos incomoda que desde fuera amigos y familiares nos pregunten por lo que ha pasado, ¿cómo no le va a suceder a nuestro hijo?

3.6 SILENCIO E IMPOTENCIA

Es tan grande la impotencia y el miedo que sentimos, que aún no nos lo creemos. Se encierra en su cuarto y los ratos que nos juntamos en las comidas nos ponemos nerviosos. No acertamos en sacar un tema de conversación adecuado y se nos ve venir. Somos torpes en el disimulo y, aunque creamos que no se nota, indirectamente estamos sondeándolo. Nos cuesta aceptar y entender que no quiere hablar de lo ocurrido. Quiere que pasemos página volviendo a una normalidad imposible. También pensamos que, si nos abrimos al dolor sufrido y nos relata su angustia, no vamos a saber cómo escuchar y nos quedaremos bloqueados por la emoción. Si sacamos todo el dolor y nos asustamos sin consuelo será peor. Tengo la mente en modo pesadilla y pienso como un disco rayado.

Cuando estamos con la terapeuta en sesión nos resulta más fácil hablar porque nos guía la conversación. Ahora entiendo que la idea llevaba tiempo rondando por su cabeza y el intento ha sido más impredecible que impulsivo. Al igual que los corto-circuitos se dan en el momento de más calentón, el dolor emocional ha colapsado todas las vías de escape hasta desbordarse. Queremos aprender a que suelte la bola, que pueda sacar lo que piensa y está sintiendo sin preocuparse de nosotros.

Nos molesta tanta sensibilización sobre la prevención del suicidio y ahora no tener más recursos especializados en los que apoyarnos de forma continuada. Tenemos muchos momentos difíciles en casa y no podemos esperar desesperados sin saber cómo actuar. Nos sentimos solos y, por mucho que tengamos los protocolos de actuación, necesitamos expertos que nos ayuden en los momentos críticos, sin esperar tanto tiempo a la próxima cita. Como prevención nos hablan de indicadores de riesgo y saber pedir ayuda a tiempo. Ahora, tras lo sucedido, estamos perdidos y también necesitamos ayuda. Tanto ruido y tan pocas nueces a la hora de la verdad. Llamamos por teléfono y tenemos la sensación de ser demasiado insistentes. Sentimos apuro y vergüenza por llamar reiteradamente y la vulnerabilidad se dibuja en nuestras palabras. Estamos mendigando ayuda y nos sentimos muy pequeños. Agradeceríamos que se pusieran en contacto con nosotros para hacernos un seguimiento continuo, ya que no han ingresado a nuestro hijo. Aunque sólo fueran dos minutos, nos daría mucha confianza saber que no estamos solos en la ayuda desde casa.

Entendemos que no somos los únicos necesitados de ayuda. Disponer de un WhatsApp o correo electrónico nos daría la opción de preguntar y sabríamos esperar la respuesta cuando pudieran hacerlo. Por favor, que no se olviden de nosotros como familia porque somos quienes atendemos las veinticuatro horas en jornada continua y sin descanso. Saber que hay alguien al otro lado que también vela por nosotros como familia es de infinita ayuda.

3.7 SOLUCIONES IMPULSIVAS Y PREGUNTAS COMPULSIVAS

Con tanta incertidumbre, necesitamos ver ya alguna certeza que nos asegure que lo estamos haciendo adecuadamente. Preguntamos lo mismo y continuamente porque ya no aguantamos este comecocos. Queremos controlar ya lo que ha ocurrido y si es necesario medicar o ingresar hay que hacerlo cuanto antes. No encontramos centros privados que atiendan ingresos en casos como él.

Estamos llamando a profesionales privados que nos han aconsejado y tampoco nos pueden atender a corto plazo porque no tienen huecos libres. De verdad que esto es una locura y nos sentimos desamparados. Somos pacientes y sabemos adaptarnos a la espera, pero esta situación es urgente y necesitamos ayuda ya. Veo que nos estamos retroalimentando con nuestras prisas y caemos en la desesperación. Compartimos nuestro miedo y llegamos a la conclusión de que nos sentimos solos ante el peligro de lo desconocido. Nos repetimos en las preguntas e insistimos en la búsqueda de respuestas porque estamos desolados. Queremos saber lo que él mismo sabe y buscamos entender lo que es una sensación inundada de emoción. No vemos el impacto causado porque aún hay mucha polvareda que nos impide ver claro. Por mucho que insistamos, tiene que pasar un tiempo hasta que podamos hablar desde su propia narrativa.

Hemos construido un par de ideas que repetimos desconectados del sentimiento que nos provoca; es una explicación robo-

tizada, como si estuviésemos hablando de algo que ha pasado a otros. No por mucho madrugar amanece antes, pero la noche se nos está haciendo muy larga y necesitamos ver la luz que nos mantenga la esperanza de que daremos la vuelta a lo sucedido. Con eso podremos esperar el tiempo que haga falta porque sabremos que todo esto pasará. Necesitamos que nos lo aseguren y nos lo expliquen con palabras que podamos comprender.

Un psicólogo nos dijo que a partir de los veintinueve años algo pasa en el cerebro que ayuda a la maduración identitaria. Disminuyen las tentativas suicidas y se calma la urgencia de encarnar los ideales. Tenemos que aguantar la tormenta y que pase el tiempo dando toda la prevención y cobertura que podamos. Nos tenemos que recordar que no somos omnipotentes y humanamente nos agotamos.

3.8 CULPA Y VERGÜENZA TRAS LA TENTATIVA SUICIDA

Nos da vergüenza salir a la calle y pensamos que ya se han enterado de lo sucedido. Preferimos evitar que nos vean en lugares conocidos y nos vamos a otras zonas para pasar más desapercibidos. Teníamos que habernos dado cuenta de algo. No es posible que hayamos visto ningún indicio. Ahora lo analizamos y no encontramos consuelo. Cuando volvimos a casa del hospital teníamos un sentimiento de culpa y vergüenza que han ido a más con el paso del tiempo. Interpretamos las miradas de la gente como enjuiciamiento sobre nuestro fracaso. Ya sabemos que no es así y por mucho que nos lo expliquen no nos quedamos tranquilos. No sé cómo vamos a aprender a perdonarnos el no haber sabido evitar tanto sufrimiento a nuestro hijo. Ahora es el momento de comprendernos, porque sólo así llegaremos a reconstruir significados para concedernos indultos.

¿Qué nos ha pasado para que nuestro hijo no haya podido contarnos que se encontraba tan desesperado? Si pienso que no quería preocuparnos, aún me siento peor, porque recuerdo que estaba inmerso en mis preocupaciones y no le dedicaba tiempo suficiente. No teníamos que haber dejado tan a mano las medicaciones. Siempre decíamos que era mejor comprar una caja con llave, igual que hacíamos con la escopeta de caza. Desde el primer día que nos vinimos a vivir aquí me dio mala sensación el balcón y la altura que había desde nuestro piso. Ya nos preocupa todo y revisamos desde los cubiertos a las cuerdas y los productos de limpieza. Sabemos que no podemos controlar todo, pero ahora tenemos que evitar el riesgo al máximo. Puede parecer una medida muy conductual y de barrera, pero ahora toda precaución es poca. Necesitamos acordonar cualquier riesgo potencial y ayudar a que pueda desembuchar la bola que lo atraganta y nos carcome por dentro. Me preocupa que nos reprochemos mutuamente nuestros errores del pasado y añadamos más dolor al ya existente. Es momento de estar unidos y saber que más importante que de dónde venimos es hacia dónde vamos. Nuestros reproches son fruto de la frustración y el miedo. Cargamos hacia fuera la responsabilidad que no podemos admitir dentro.

Somos responsables de lo que hacemos con lo que ha pasado y es momento de ocuparnos de ello. No es momento de mirar atrás, sino de aprender para seguir adelante. También nosotros necesitamos comprensión y somos víctimas necesitadas de auxilio. Toda la ayuda que nos ofrezcan será bienvenida y la intromisión sensacionalista no es agradable. Escuchamos demasiados comentarios desafortunados que ponen de manifiesto el analfabetismo que sufrimos con respecto a la inteligencia emocional. ¡Ayuda, por favor, ayuda!

3.9 NO LO VOLVERÁ A INTENTAR, ¿VERDAD?

No podemos quitarnos de la cabeza el miedo a que vuelva a intentarlo otra vez. Cada vez que pensamos en una recaída nos bloqueamos. Creo que nos hace mal preocuparnos por escenarios temidos, pero no podemos evitarlo. La mente se nos va al futuro temido y nos anticipamos con ansiedad. Si fuera posible asegurarnos de que se arrepiente y se ha dado cuenta de que fue un error, nos ayudaría a rescatar la confianza y reconstruir el día a día juntos.

Ya sé lo que es haber superado un cáncer y recuerdo el miedo a una recaída. No fue nada fácil, pero pude hablar con muchas personas y las revisiones periódicas me ayudaron a modular el temor. Había momentos en los que asociaba el cansancio o unas décimas de fiebre a una posible recidiva y después de descartar la enfermedad me quedaba más tranquilo. Reconozco que pasé por un periodo de obsesión porque relacionaba la palabra «cáncer» con muerte. Ahora sé que no es así y que los casos de curación superan muy ampliamente los de muerte. Sabemos que la detección precoz ayuda a un mejor pronóstico y el tratamiento es más eficaz desde el principio.

Queremos apoyarnos en aquella experiencia para afrontar con esperanza el shock *que vivimos. Nos cuesta más hablar abiertamente del dolor mental que sufrimos porque no nos sentimos entendidos. Como no se ve, algunas personas no lo entienden o lo cuestionan. No es sólo un tema de actitud positiva o el discurso de que quien quiere puede y todas esas coletillas. Nunca hubiésemos imaginado encontrarnos en una situación tan traumática. Necesitamos confiar y recuperar la esperanza. Es de justicia que nos ayuden a transitar un túnel que, aunque no conocemos, sabemos que hay profesionales linterna que nos van a saber alumbrar para guiarnos hacia la salida. Creo que recu-*

perar nuestras rutinas y volver al trabajo nos está ayudando a verlo con un poco de perspectiva.

A nuestro hijo también le ayuda ver que no estamos tan encima y, aunque no perdemos contacto con mensajes constantes, sentimos que damos un pasito hacia la recuperación. Al igual que me pasó con el cáncer, he aprendido a vivir con la incertidumbre de que vuelva una mala racha, pero ahora recibimos ayuda y estamos bajo control rutinario de forma preventiva.

CONCLUSIONES

Durante el tercer capítulo he querido visibilizar la angustia que sufren los familiares ante el miedo y la incertidumbre de volver a casa con su hijo tras la tentativa suicida. He utilizado la primera persona para acercarme a la vivencia del sistema familiar y poder empatizar así con la vulnerabilidad que está sufriendo. Aunque sabemos que la culpa, la vergüenza y el estigma no son de ayuda en la posvención, es difícil no caer en la crítica y el enjuiciamiento.

Recordemos que la familia también es víctima de lo ocurrido y que no debemos hacerles responsables al analizar los indicadores de riesgo que pudieran existir antes de la tentativa. En numerosas ocasiones no existen tales indicadores, y teorizar sobre ello pudiera entenderse como una forma de cuestionar a los familiares. La familia se tortura con la idea de no haberse dado cuenta antes de la tentativa. Acercarnos a teorizar sobre la prevención no debe llevarnos a culpabilizar implícitamente a la familia y su entorno.

Por eso he procurado trazar las líneas de actuación que pueden ayudar a la familia en la sensible tarea de acoger a su hijo con tanta incertidumbre. Vuelvo a remarcar la comunicación afectiva como la herramienta más efectiva para reconducir la situación. La *soledad comunicativa* es el factor de riesgo más importante a tener en cuenta para evitar una recaída en forma de una nueva tentativa suicida. Entender el silencio bloqueado y conjugar la escucha activa con mostrar la angustia es la tarea primordial en la vuelta a casa.

Cuidar a la familia para que puedan cuidar a su hijo requiere de ayuda profesional y no podemos dejarlos fuera del tratamiento psicoterapéutico a seguir. La coordinación terapéutica es útil y necesaria para recuperar la confianza rota por lo ocurrido. Entender el camino que los ha traído hasta la crisis para poner señalizaciones de peligro es una pregunta recurrente en sus cabezas. La vigilancia intensiva sin que se note se ha convertido en una obsesión y el silencio agudiza la observación permanente.

La familia se responsabiliza de entender la angustia del hijo sin reaccionar emocionalmente con preguntas incómodas. Sostener la angustia para apaciguar el malestar mental requiere de un punto de apoyo profesional externo a la familia que ayude a traccionar la comunicación curativa.

Claudicar como familia ante la tiranización del reproche o el egocentrismo del doliente es muy humano. No es extraño el desgaste familiar que sufren muchos padres y hermanos ante la impotencia constante de querer ayudar a alguien que no se deja ayudar. Es un sentimiento ambivalente para los familiares porque, además de preocupación inmensa, sufren de saturación impotente y acaban agotándose. No es justo revictimizar al sistema familiar, que también necesita de cuidados psicológicos. Es muy difícil imaginar que nuestro hijo haya intentado quitarse la vida, y es muy entendible que, tras lo ocurrido, puede volver a pasar, por muy extraño que nos parezca a quienes no convivimos con el núcleo familiar. El miedo se ha apoderado de la familia.

Toda intervención psicológica que no incluya y module la comunicación familiar es una terapia inadecuada. La voz del hermano y las opiniones de los padres nos tienen que ayudar para apuntalar un andamiaje seguro que sujete la grieta sufrida en el hogar. Es urgente aprender a colocarnos adecuadamente en un estilo comunicativo reparador y que dote al sistema familiar de la esperanza necesaria para alcanzar la confianza de que no tiene por qué volver a ocurrir otra tentativa suicida.

RELATO

Sufrieron demasiados episodios de tentativas suicidas. Faltaban dedos en una mano para contarlos y la otra mano empezaba también a vaciarse de dedos. La primera vez, la mirada familiar estaba en shock *y la última vez los ojos de desconcierto escondían, además de desesperación, rabia e impotencia; un profundo dolor emocional ante el convencimiento de que acabaría consumando el suicidio. Recuerdo las reuniones familiares que manteníamos mientras él estaba ingresado. Tenían clara la acogida desculpabilizadora y la alegría de la vuelta a casa. A la vez, poníamos en común sentimientos encontrados y ritmos diferentes en la gestión de la comunicación con él. No podían olvidar las imágenes de trauma grabadas en sus pupilas, como aquella escena del cuchillo. Su cuarto de casa ya no era el mismo desde lo que ocurrió y aún no pudieron limpiar la memoria de aquella locura; les costaba volver a pintar la casa de otros recuerdos.*

No querían salir a la calle y el trabajo era un búnker seguro. Todo era rápido y las noches en vela llegaron para quedarse. No tenían franja horaria y la ayuda urgente la necesitaban de noche, en fin de semana o en plenas vacaciones. Cuando el sistema ya no podía más, el padre sacaba una palabra de donde ya no había. En otras ocasiones, la madre se inspiraba con una mirada que atisbaba la infancia recuperada. Los hermanos demostraban que estaban más presentes de lo que nunca hubiesen imaginado ni ellos mismos. Las visitas al hospital eran inciertas porque tenían poco rato y además el mutismo los dejaba con mucha decepción. No podían comunicarse mínimamente y volvían a casa desolados.

Las reuniones con Psiquiatría se esperaban como agua de mayo y la espera tras la conversación era larguísima. Tratamientos psicofarmacológicos diferentes e incluso terapia electroconvulsiva con el consiguiente estupor de la familia. Muchas preguntas y horas de investigación con múltiples lecturas especializadas al respecto. Los miembros del sistema familiar fueron sufriendo las consecuencias del infierno sufrido. Su estado emocional y sus propias dinámicas vitales se alteraron irremediablemente por mucho que intentáramos separarlo. Pasaron por diferentes fases relacionales entre ellos y no fue nada fácil mantener el sistema unido sin que sus miembros se disgregaran funcionalmente. Las fases en las que el paciente estaba en casa y no atendía al teléfono o no sabían nada de él tras alguna salida de entretenimiento les despertaban todas las alarmas, y la ansiedad anticipatoria o el catastrofismo volvían a confirmar todas las sospechas, es decir, lo había vuelto a intentar y le hemos pillado de casualidad. Un sin vivir constante que duró años. Afortunadamente, el hilo de comunicación incondicional nos ayudó a no sentirnos solos.

Es muy importante sabernos poner en la piel de la familia porque es quien va a sostener diariamente la complicada realidad. Muchos lloros en silencio y varias huidas hacia un ratito de soledad para intentar desconectar de tanta locura. Para la familia era de mucha ayuda saber que al otro lado había un testigo de todo lo que estaba ocurriendo y un punto de apoyo para sobrellevar lo indecible. En ocasiones también saltarnos los protocolos ortodoxos de nuestra práctica profesional es de ayuda para la familia y de riesgo para el profesional. Practicar el egoísmo responsable en el que ayudamos sin dejar de cuidarnos en una cuerda floja, como el funambulista del circo, no es nada fácil. Durante la urgencia de las crisis, la necesidad inmediata para la intervención era crítica, pero con la perspectiva del tiempo podemos comprender que fue de justicia combinar ayudas y relevos en la larga maratón. Resulta difícil de creer cómo un caso así no se ha acabado psiquiatralizando. Ni tampoco se ha redirigido hacia una dependencia protegida socialmente. La intensidad de algunos trastornos en la adolescencia no tiene que derivar siempre en psicopatología permanente. Mantener la responsabilidad del autocuidado y el aprendizaje comunicativo puede abrir el camino hacia la normalización psicosocial.

Aún recuerdo el escrito del padre en el que me comentaba la necesidad de una mirada de murciélago que pudiese guiarlos en la oscuridad del túnel. Dicha familia es un referente de esperanza y perseverancia. Pocas personas de su entorno confiaban ya en la evolución favorable. Las familias necesitan ver esperanza y escuchar información que dé sentido a semejante tortura de dolor mental. Hicieron todo lo que les dijeron y más para poder ayudar a su hijo. Supieron estar al lado de su hermano cuando más lo necesitaba y lo hicieron de la manera en la que cada uno sabía hacerlo. Son cicatrices que se acumulan en la línea vital de toda la familia. En todos ha quedado grabado para siempre la importancia de soltar la bola; poder hablar de aquello que sentimos, aunque no lo entendamos. Doy las gracias a todos ellos porque son la esperanza del resto. El dolor mental pasa y se pasa. Saber de personas que lo han conseguido es *de suma importancia para otras familias que se suman en la incertidumbre de la desesperanza. Recuerdo el relato que tan magistralmente preparó Bayona en la película* La sociedad de la nieve. *Los supervivientes del accidente de avión en los Andes y que sobrevivieron contra todo pronóstico y ante la incredulidad de la población. Atravesaron andando lo increíble e iban hacia algún lugar que al final apareció. He querido mostrar el relato de un caso extremo para que podamos apostar con ambición por el concepto de esperanza y la capacidad de esperar hasta ver la recuperación. Una familia encomiable que supo pedir ayuda, dejarse ayudar y seguir buscando hasta poder calmar su angustia vital. Afortunadamente, la mayoría de los casos no pasan por semejante calvario, y la reestructuración de la adecuada comunicación relacional tras la ayuda terapéutica brinda la oportunidad de recuperarse y ser aún más resilientes ante la frustración existencial. Hoy es el día en que ya no atormenta tanto la idea de que vuelva a ocurrir porque, además de confirmar su mejoría y su madurez personal, han transcurrido años en los que la confianza se ha restablecido.*

4. ¿PODEMOS ECHAR UNA MANO DESDE FUERA?

El entorno social que rodea al joven con intento autolítico y su familia es también muy necesario para el rescate del superviviente. La mirada social empática y comprensiva ayudará a integrar lo sucedido con respeto y justicia.

La escuela es un escenario fundamental para asegurar una buena reinserción tras la crisis psicológica sufrida en la ideación suicida. Saber cómo recoger al alumno a su vuelta es parte de la buena recuperación. Estamos desarrollando la conciencia preventiva y la detección de riesgos en las ideaciones previas. Sabemos que la invisibilidad de los pensamientos suicidas hace que el disimulo o incluso la negación dificulten la detección a tiempo. Por eso la escuela es un escenario central para la ayuda en directo.

Los amigos serán los centinelas fieles que se encargarán de reconstruir el sentimiento de pertenencia al grupo. Esto ayudará a que nuestro joven sienta que les importa y que merece la pena seguir dándose una nueva oportunidad para vivir. En este sentido, los contactos en redes sociales pueden hacer una importantísima función. La identificación entre iguales a través de la red es un espejo en el que se pueden sentir reconocidos y valorados. En ocasiones, el impulso que reciben en dichos foros es más intenso e inmediato que la cotidianidad presencial. La parte comunicativa que ofrece dicho canal permite que la expresión no esté mediatizada por la comunicación verbal o gestual inmediata con el interlocutor, ni al emitir el mensaje, ni al recibirlo. También es verdad que a menudo hay mentira o falsedad en los mensajes camuflados con bonitas palabras o halagos fraudulentos. Ser visto y valorado desde el ámbito social es una fuente de autoestima y dopamina directa para el cerebro de nuestro protagonista.

Desde *el ámbito sanitario* necesitamos conocer la importancia del vínculo relacional constante y no itinerante con diferentes profesionales. Para la persona es necesario mantener la misma relación en el tiempo; la variación de distintos profesionales no hace sino entorpecer la buena evolución de la recuperación. El paciente se cansa de volver a repetir su historia y el trabajo terapéutico se reduce a transmitir titulares de lo ocurrido, pero sin profundizar en la reconstrucción de significados. La capacidad de procesar cognitivamente se ciñe a la relación terapéutica con el profesional, vinculando desde la confianza relacional.

No quiero olvidar la importancia que tiene la opinión del *pueblo* como aderezo social. El juicio y la rumorología no ayudan en nada. La persona superviviente de una tentativa suicida necesita intimidad, confidencialidad y poco cotilleo. El qué dirán es el enemigo que acecha tras las cortinas en el volver a la vida social de nuestro joven protagonista. Lo de girarse al verle y hablar a sus espaldas es un clásico. Recordemos que mirar implica mostrarse, y el encuentro se dará cuando juntos nos veamos. Nuevamente intentaré relatar en primera persona para transmitir la vivencia que los diferentes agentes puedan tener ante lo sucedido.

Como amigo, comprendo que es muy fuerte lo que ha pasado y sé que es confidencial. Espero que no se note mi sorpresa cuando me encuentre con él. No quiero invadirle con preguntas inadecuadas y quiero que pueda normalizar el volver con nosotros. Tampoco sé cómo se lo va a tomar si no le digo que ya lo sé y que me gustaría ayudarle. Me pongo en su lugar y no me gustaría que me hablaran sobre ello porque me sentiría muy vulnerable. No quiero que se sienta compadecido, pero tampoco quiero que me vea como a alguien falso que finge no saber nada del tema. Quiero que sepa que puede contar conmigo para ayudarle en lo que me pida. Procuraré no adelantarme a su petición de ayuda y estaré muy atento a la ocasión para ofrecérsela si siento que le cuesta pedirme algo.

Creo que estaba metido en una relación que no le hacía bien, pero sigue enganchado aunque lo hayan dejado. He intentado hablar de ello, pero se cierra en banda porque cree que no le respetamos. Sólo quiero que sepa que puede contarme lo que quiera y procuraré no agobiarle. Me dice que todo el mundo lo presiona para lo mismo y que no se siente entendido. Ya sabe que sufre mucho y desde hace un tiempo, pero lo ve y no puede remediarlo. Me pregunto hasta qué punto debo respetarle o, mejor, rescatarle de una relación tóxica. Tengo que centrarme en la escucha incondicional y conseguir que me hable de su agobio sin que le volvamos a decir que abandone a esa persona. Aunque ya lo sabe, le voy a recordar que lo que me cuente se quedará entre nosotros y no saldrá de mi boca. Le guardaré la confidencialidad para que así pueda sentirse en total intimidad.

Me quedé impactado cuando me mostró los cortes de su brazo y creo que vio el susto en mi mirada. No me resulta fácil escucharle que tiene que hacerlo porque le alivia más que ninguna otra cosa. También se asusta y cuando mira su brazo se siente culpable, pero no puede parar de hacerlo. Sé que debo guardarlo en secreto, aunque a veces pienso que tengo que contárselo a su familia. Rompería la intimidad y seguramente ya no volvería a confiar en mí. Intentaré actuar como me gustaría que lo hiciesen conmigo y espero acertar en la ayuda que necesita.

Le diré que puede contarme si alguna vez vuelve a pensar en intentar desaparecer y que estaré ahí para ayudarle. Que me lo cuente antes de hacerlo será nuestro trato cómplice. Pienso que al menos así no se sentirá tan solo como la última vez.

4.2 VERDAD SOPORTABLE

No me gusta cómo sacamos el tema entre los amigos y no lo tocamos para nada cuando está con nosotros. Tampoco me siento cómodo cuando me preguntan mis padres en casa sobre lo que le ha ocurrido a mi amigo. Cuando pienso en preguntarle por lo ocurrido me cuestiono si seré capaz de escuchar sin transmitir mi pesar. Puedo sacarle el tema y, si se abre a contarme lo ocurrido, tengo que estar dispuesto a seguir su relato sin interrumpirle, porque se me hace difícil ponerme en su lugar. Tengo tendencia al consejo bien intencionado y me vence la necesidad de que esté bien, pero es su ritmo el que tengo que aprender a entender. Por mucho que le empuje no va a salir antes y lo más probable es que se cierre a mostrar su vulnerabilidad.

Por otra parte, los profesores en el claustro hemos tratado la reincorporación a clase del alumno implicado en la tentativa y no tenemos clara la pauta a seguir. Algunos compañeros abogan por no tocar el tema y otros no sabemos cómo hacerlo para que no lo dañe. Creemos que lo primero será hablar con la familia y que nos coordinemos con los profesionales que lo tratan. Hemos lle-

gado a la conclusión de que será mejor hablarle antes de entrar a la clase e indagar en su capacidad de compartir con nosotros lo sucedido. Aunque hemos recibido información protocolaria sobre cómo actuar al respecto, en el momento de aplicarlo nos bloqueamos porque emocionalmente estamos afectados también. Hasta ahora no me había encontrado una situación así como educador y reconozco que aún estoy sorprendido. Nos piden que hagamos una intervención para la que no estamos preparados y tenemos miedo de hacerle más daño del que ya tiene.

En asistencia psicológica sabemos de la importancia de manejar la información hasta donde el paciente es capaz de asimilar; me pregunto si seremos capaces de articular el respeto comunicativo también en su entorno. Hemos sido capaces de construir una comunicación fluida sobre su pensamiento previo.

Como terapeuta, le ofreceré mi colaboración para coordinar la vuelta a su lugar formativo y procuraré modular la intervención que vayan a realizar en su entorno. Así me va permitiendo seguir indagando hacia su futuro incierto aún y entiendo que se apoya en nuestro trabajo para aceptarse sin castigarse. A las personas implicadas de su entorno les ofreceré un correo electrónico para que puedan escribirme, en caso de dudas o preguntas. Sé que les será de ayuda y esto me ayudará a modular los ritmos que sean soportables para nuestro joven en cuestión. Siempre me recuerdo no ir más allá hasta que nuestros pacientes puedan soportarlo emocionalmente. No caeremos en el riesgo de presionarle con nuestras propias expectativas como profesionales. Las barreras comunicativas hacen su función reguladora a nivel emocional y debemos respetarlas antes de romper nuestro hilo comunicativo de forma irreversible. No por mucho preguntar nos abrirá la puerta antes; al contrario, pondrá pestillos y cerrojos comunicativos que romperán la relación de ayuda. Afortunadamente, estamos en revisión continua y aquellos erro-

res de los que no nos damos cuenta los corregimos en aras de una mejor ayuda terapéutica.

4.3 MUCHOS SABEN, TODOS CALLAN

Me siento un poco falso al no decirle nada aun sabiéndolo cuando nos juntamos el otro día. En realidad lo hago porque no sé qué decirle y evitamos el tema. No aguanto los cotilleos y me da mucha rabia todo lo que se está hablando sobre lo que hizo. ¡No es justo! A nadie le gustaría que hiciesen lo mismo con ellos si estuvieran en el foco de atención por ser la novedad. Yo sé que hablan a sus espaldas, pero no dejo que lo hagan delante de mí. No quiero ser cómplice del rumor y el cotilleo. Lo que más me molesta es que no se cortan en comentarlo en las redes. Seguro que lo ve y le afecta para mal. Una cosa es que no sepamos cómo hablarlo con él, y otra distinta es difamar cuando no está presente.

Desde la escuela hemos recibido llamadas de otras familias preguntándonos por lo sucedido. Nos piden orientación para saber cómo actuar con sus hijos. Entre nosotros no sabemos el límite entre la protección de datos personales y nuestra labor de ayuda para la normalización social en el centro. Seguro que tras una operación o un periodo crítico nos acercaríamos de otra manera y con empatía a brindarle nuestro apoyo. Paradójicamente, con el manejo de información en los abusos sexuales, pensamos que la denuncia y compartir lo sucedido es una buena manera de ayudar a la víctima y rescatarla de la vergüenza y el sentimiento de culpa. Yo veo algo parecido en el caso de la tentativa suicida. Es víctima de lo ocurrido y el agresor es una mano invisible que nos corresponde analizar. Tenemos claro la importancia de visibilizar la agresión sexual para proteger a la víctima. Sabemos que no es culpable de lo sufrido, así como tampoco lo es la víctima de intento autolítico. No podemos dejar sin auxilio psicológico a quien cree haber sido verdugo, cuando en realidad es la persona perjudicada de lo ocurrido. Hablarlo nos ayudará a normalizar y dar visibilidad al sufrimiento silenciado. Las miradas desafiantes de socorro que nos lanza, tenemos que aprender a traducirlas en contrario, es decir, el desprecio es falta de aprecio y nuestra insistencia es lo que le ayudará a confiar.

En psicoterapia estamos obligados a guardar el secreto profesional y cumplir el código deontológico en cuanto a la relación con nuestros pacientes. Conjugar la confianza que depositan nuestros pacientes con la responsabilidad de implicar a la familia en casos de riesgo para la vida requiere de un buen acuerdo previo con los pacientes en el que delimitamos las líneas rojas de supervivencia.

Por ello, somos muchos los profesionales que nos vamos a la cama preocupados por ver a algún paciente acercándose al precipicio sin retorno. Incluso, hay noches en las que el primer pensamiento al despertar se dirige a desear que aún esté entre nosotros. Hay compañeros que nos recuerdan la necesidad de cuidarnos y protegernos en una profesión que genera mucho riesgo emocional. Intentamos encontrar el punto adecuado entre la vinculación relacional con sintonía humana y la distancia racional para el análisis en perspectiva. No se entiende nuestra labor terapéutica sin riesgo emocional porque somos personas y tratamos con el dolor. Por ello es indispensable protegernos del contagio emocional al que estamos tan expuestos. Igual que un minero es respetado por el riesgo en sus bajadas al pozo, un pescador es valorado por sus faenas con tormentas y un policía es entendido porque se juega la vida, los profesionales de la salud mental podemos acabar con sobrecarga emocional que nos empaña nuestra capacidad de sentir en la vida profesional y personal. Tenemos que cuidar al cuidador para que pueda seguir cuidando de quienes necesitan ser cuidados. El callar tiene un alto precio para paciente y terapeuta.

4.4 CREAR UNA SILLA DE CUATRO PATAS: ESCUELA, FAMILIA, TERAPEUTA Y AMIGOS

Coordinar adecuadamente la comunicación entre las personas que acompañamos en la posvención es fundamental. El objetivo es que el paciente se sienta seguro y entendido para retornar a una vida de la que ha querido huir. Recordemos que detrás de la tentativa suicida hay una evitación llevada a extremos. Los factores que precipitaron la ideación y el deseo de escapar se convirtieron en obsesión para no sentirse atrapado.

En la familia o en la escuela y ni qué decir en las amistades, aparecen signos de ayuda para quien la necesita. Volver a sentirse normal y que podrá con la vida es garantía para una buena recuperación. En el pasado no pudimos evitar que la víctima tomara el camino del suicidio como vía para acabar con el sufrimiento. Si no veía salida a la situación en que se encontraba atrapado y llevó la evitación hasta un retorno sin salida, ahora seremos sus guardaespaldas, que velaremos para que no vuelva a suceder.

Las pautas indicadas en su terapia nos guiarán para estar atentos sobre los indicadores de riesgo. Nuestro objetivo será que vuelva a recuperar la confianza para seguir viviendo. Le ayudaremos a comprender que existe otra salida ante la desesperanza y el conflicto extremo. Que puede sentarse en la confianza recuperada porque sabemos lo que le ha ocurrido y queremos ayudarle. No queremos que piense que lo estamos compadeciendo por pena. Buscamos sentirnos realizados al ayudarlo como seres humanos ante el dolor de quien apreciamos. Nos alegramos al saber que podemos hacer algo para aliviar su dolor y comprendemos que nos realizamos como personas a través de la ayuda a los demás.

La soledad existencial se corrige con presencia humana e interés personal.

Nuestro cometido será transmitirle que nos importa a la comunidad con la que convive y que cuente con nosotros. Procuraremos respetarnos en los diferentes espacios de ayuda y convivencia con nuestro joven protagonista. Son diferentes dialectos de un mismo idioma, que tiene sus particularidades diferentes. Si prestamos atención sabremos decodificar los diferentes códigos comunicativos. A buen entendedor pocas palabras, porque hechos son ayudas y no declaraciones de intención para quedar bien. Hacer que no se sienta solo y que pueda contar con nosotros es el mejor salvavidas. Y es necesario que tengamos un chaleco de rescate específico en cada uno de los cuatro espacios citados. Ello dará seguridad preventiva en caso de riesgo en el resto de los espacios. Saber que hay protección constante ayuda a confiar en la reinserción social.

4.5 SENTIMIENTO DE PERTENENCIA RECUPERADA

Tener un objetivo o un propósito en la vida es sinónimo de quedarme a vivir. Podemos ofrecer diferentes propuestas para que nuestro joven protagonista se apunte a formar parte del grupo.

Las zarzamoras son unos frutos muy valorados que se recogen a finales de agosto y que recogíamos con pasión cada verano. Hacíamos mermeladas en casa y el sabor característico nunca se olvida. Es un fruto que nace en lugares poco atractivos y de difícil acceso. Los zarzales no son tan atractivos, pero en caso de incendio tienen mucha resistencia y albergan en su interior un mundo muy rico de especies diversas y refugiadas. Acercarnos a recoger el fruto en su punto de maduración óptima para disfrutar de su dulzor requiere que seamos pacientes para soltarlas de la rama y cuidadosos para no pincharnos. Encontrar una negra y gorda era un premio delicioso. Traíamos los botes llenos y las mezclábamos con yogur y un poco de azúcar. El resultado son recuerdos de infancia en el pueblo. Zarza o cerezo son lugares donde se recogen frutos diferentes y todos ellos sabrosos. Otros días eran grillos o ir a bañarnos. El secreto es poder hacer algo con los demás para sentir que no estamos solos y tenemos con quien compartir nuestros objetivos concretos, sean cuales sean pero juntos.

Ahora con las redes sociales y los grupos en WhatsApp, el ser incluido en el grupo popular es una señal de supervivencia social. En demasiadas ocasiones se hacen grupos paralelos en los que no se cuenta para determinados planes con la persona rechazada. Si el excluido pregunta el motivo del rechazo, se niega que se le esté apartando y parece que fuese una equivocación sospechosa. No hay peor cosa que mentir a quien se siente apartado. La falsedad no hace sino aumentar la desconfianza y la evitación social. Aunque mienta y disimule, se nota y antes se pilla al mentiroso que al cojo. Nos damos cuenta de quién nos quiere hacer caso de verdad o lo hace por compromiso a instancia de sus familias o profesores.

No queremos fomentar relaciones sociales impuestas porque la amistad se construye con libertad y apetencia. Por eso, el profundo sentimiento de soledad se enraíza en la falta de comunidad grupal. ¡Qué cruel resulta el comprobar que han leído nuestro mensaje y no recibimos respuesta ninguna al respecto! Nos ponen excusas de olvidos reiterativos porque no es la primera vez que ocurre. Estamos mendigando migajas de atención que nos llevan a sentirnos más despreciados aún que antes de solicitar ayuda. *Tener iguales con los cuales poder identificarnos es preventivo para la salud psicológica.* Los patitos feos aún no entienden que son cisnes y que llegará el momento en que serán vistos de forma elegante. No es fácil esperar en el vacío silencioso que sufre el diferente. Imagina que siempre será así y que no habrá forma de crear un sentimiento de pertenencia a nada. Debemos mostrarle que está equivocado en la predicción de futuro para que se dé la oportunidad de seguir abriendo cajones en la vida, que seguro llegarán mejores momentos si tiene esperanza.

La identificación con las personas que tienen *influencia en las redes puede ayudarnos a mostrar la vulnerabilidad humana como una virtud y no como un defecto.* Sabemos que la búsqueda incesante de referentes y reconocimiento social en las redes se ha disparado. Seamos inteligentes y humanicemos dichos canales de comunicación. No es cuestión de censurarlos; podemos optimizarlos para sentirnos humanamente diferentes y necesitados. Sentir que pertenecemos a la condición humana imperfecta y plagada de sombras nos ayudaría a convivir mejor con nuestras miserias de la vida. Ojalá haya más ejemplos así en las redes sociales.

4.6 SER PUNTOS DE APOYO Y NO DE PRESIÓN

Dar una buena acogida en la posvención requiere que demos contención relacional y comunicativa. *No es momento de preguntar incesantemente, y sí de escuchar incondicionalmente.* El entorno social puede servirle a la persona como un bastón para apoyarse con seguridad. El ritmo de la incorporación comunicativa del relato lo pone él. No por mucho aporrear la puerta comunicativa para que nos abra el relato, nos va a abrir antes. Quizás logramos lo contrario y se cierra más aún, poniendo pestillos y doble cerrojo, tras mirar por la mirilla y ver nuestra urgencia en lugar de respeto y contención.

La escuela puede ser un buen punto de apoyo para el reto de volver a la normalidad. Evitemos que nuestro compañero se sienta observado e invadido por nuestras miradas. Ya hemos sabido ir a domicilio ofreciendo ayuda y le hemos mostrado nuestro apoyo antes de incorporarse a las clases. La adaptación será más fácil porque ya sabe que sabemos y le apoyaremos desde dentro en la vuelta a la escuela. El objetivo no es desvelarlo en medio de la clase y generar más angustia. Seremos palancas comunicativas que pueden mover información pesada y psicoeducación para reinserción psicoemocional. Desde la escuela haremos seguimiento individual y fuera del aula mantendremos coordinación con la familia y la ayuda terapéutica que esté recibiendo.

El seguimiento que haremos desde Salud Mental tendrá en cuenta la narrativa de lo sucedido y el tono comunicativo soportable para la conversación. Relatar lo sucedido y rumiado mentalmente no es tarea sencilla para nuestro adolescente. La tarea terapéutica de reconstruir lo significado en relación vincular requiere de continuidad con el mismo profesional que le está atendiendo. Tal y como comentaba al iniciar el actual capítulo, variar de profesional no ayuda a profundizar en la restructuración de significados y fragmenta el proceso de asimilación curativa de lo ocurrido.

Los grupos homogéneos de terapia conducidos por un terapeuta experto en la materia son un escenario de primera elección para brindar apoyo en la posvención. La combinación adecuada de sesiones grupales y sesiones individuales con el mismo terapeuta brindan un marco terapéutico muy adecuado para la buena resolución de estos casos. Se combina el apoyo entre iguales y la indagación adecuada de las preguntas del terapeuta.

4.7 AYUDAR A CICATRIZAR Y NO HURGAR EN LA HERIDA

El objetivo de iniciar la conversación debe estar más dirigido a la ayuda que a querer saber. La curiosidad y la impresionabilidad nos delatan; el objetivo no es hurgar en la herida de la tentativa de forma sensacionalista. Es verdad que llega un momento en el que no sabemos cómo actuar para poder ayudar socialmente en dicha situación de crisis. Se nos pide empatía y escucha activa. Nos advierten del anonimato y el respeto de los ritmos comunicativos. Nosotros mismos estamos afectados y la confusión de querer hacer algo y no saber el qué nos crea tensión añadida. Nos piden tomar parte como puntos de apoyo y nos sentimos enjuiciados por quedarnos bloqueados sin saber cómo actuar. La parte social que rodea a la persona que ha intentado irse de la vida también está afectada por lo ocurrido. Además, en algunos casos, nos sentimos cuestionados sobre la responsabilidad de lo ocurrido.

Observamos miradas por parte de familiares y también comentarios del entorno que nos generan sentimiento de culpa. ¿Por qué siempre tenemos que encontrar un porqué a todo? El entorno social también está herido y necesitamos aprender a cómo hablar sobre lo que sentimos. Atender la intervención rescatadora actual es más urgente que los porqués que buscan las causas. No debemos cuestionar y enjuiciar lo que no entendemos.

La sospecha de que existe algún culpable o una causa de lo ocurrido nos coloca en querer borrarlo y creer que era evitable. Si encontramos a nuestro hijo sumido en el dolor y roto por el desconsuelo, no es momento de preguntar; es momento de abrazar y acompañar. Luego nos contará lo que haya pasado.

La escuela necesita ser atendida por profesionales que les den contención emocional y orientación psicológica. La intervención debe realizarse por personal cualificado y para esto estamos los profesionales en salud mental. La intervención en el aula debe realizarla el *equipo psicológico experto en estos sucesos.*

Imaginad que se da un incendio en la escuela y aplicamos el protocolo de incendios simulado cada año para aprender a cómo desalojar el edificio. Tenemos un protocolo, sabemos cómo actuar y aun así estamos nerviosos. Pero, peor aún, imaginad que no vienen los bomberos y por teléfono nos dicen cómo apagar el fuego usando las mangueras y extintores. A nadie se le ocurriría negar el auxilio profesional en una situación de urgencia, ¿verdad?

Existe la necesidad imperiosa de dotar a las escuelas de servicios externos competentes para intervenir en los casos que lo requieran. Ya es hora de socorrer a los educadores de tanta presión asistencial. Todo lo enfocamos hacia la prevención educativa y parece que tienen que ser expertos polivalentes, pero no es verdad. La realidad se impone y el resultado es impotencia y negación del problema. Dotemos a las escuelas de un servicio externo adecuadamente formado para las intervenciones en crisis.

Sería una especie de cuerpo de bomberos psicológicos que abarcaría un amplio espectro de intervenciones en muchos centros. Ganaríamos en eficiencia y en recursos económicos dilapidados por el camino con formaciones estériles, en protocolos normativos, teóricos y alejados de la realidad concreta del educador, que se siente impotente ante semejantes fuegos en su quehacer diario. En las intervenciones en crisis psicológicas los educadores necesitan ser rescatados y, además, por gente experta en la materia. Dicho equipo de emergencia estaría en contacto directo con las familias, la escuela y el profesional de salud mental que vaya a continuar con la intervención en la supervivencia.

4.8 SENTIRSE EN BUENAS MANOS

En la pandemia nos dimos cuenta de lo sola que se sentía la gente que no pertenecía a ningún grupo y, por tanto, no se conectaba para poder relacionarse. Quedó más patente, aún si cabe, una realidad que ya existía en lo presencial, pero que no se apreciaba en el día a día. El sentimiento de soledad y la falta de propósitos vitales en pertenencia al grupo generan dolor social y profunda desesperanza. Quizás la soledad acusada que la juventud vivió durante el confinamiento ha provocado que haya aflorado el dolor social encubierto. La soledad de nuestros mayores y la de nuestros menores se ha puesto de manifiesto más que nunca. Son grupos de edad vulnerables y estigmatizados por nuestros prejuicios sociales. *La adolescencia no es un trastorno y la vejez no es una enfermedad.*

El desierto de la soledad comunicativa y social necesita de alguna cantimplora para poder tomar un sorbito de agua y no perecer en el aislamiento. Ser cantimploras que en un momento estén a mano ya es suficiente. No son fuentes y hay que rellenarlas, pero siempre podremos tomar un traguito. Saber que disponemos de ella nos dará la confianza suficiente para seguir el camino y, cuando encontremos agua, volveremos a coger reservas para cuando nos haga falta. Las amistades son un tesoro que cultivar y cuidar. No nos damos cuenta cuando las tenemos junto a nosotros; siempre es motivo de celebración saber que estamos en buenas manos. La mejor cantimplora y la mejor agua son aquellas de las que disponemos en los momentos de verdadera necesidad. No es tan importante la marca ni el modelo; la estética es un peso prescindible. La confianza que nos da tener una reserva para la incertidumbre del camino nos guía a seguir adelante. Calmar la sed es vital para el cometido de sobrevivir en la crisis existencial que sufre la adolescencia.

Estoy seguro de que se sintió fuera del grupo y sin pertenecer a ningún sitio. Igual no fuimos buenos amigos y, aunque no le hiciésemos nada, tampoco lo incluimos en los planes. Somos libres de juntarnos los amigos que somos y no pueden obligarnos a salir por compromiso. También es verdad que no me gustaría que me pasara lo mismo y en realidad tampoco nos costaría tanto hacerlo. Igual se siente más vinculado con los amigos del balonmano que con los de clase. Yo no quiero que se sienta solo.

CONCLUSIONES

La comunidad hace mucho bien en la recuperación social de una persona que haya sufrido un intento de muerte por suicidio. Tanto la escuela como los amigos, los profesionales de la salud mental y las personas que rodean socialmente a la persona en cuestión son las cuatro patas importantes de la misma silla; el respaldo es la familia. Es primordial que exista una *coordinación adecuada en el ritmo comunicativo* y el ajuste adecuado de las intervenciones que en paralelo realizaremos durante la reinserción de la persona que ha sufrido la tentativa.

Resaltamos la desculpabilización del entorno y hemos fijado la prioridad de la rehabilitación como objetivo principal. No buscamos las causas, sino que desarrollamos la reconstrucción de significados. La indagación de los previos la delegamos en la terapia con los profesionales especializados en salud mental.

Apunto la idea de *crear cuerpos específicos de profesionales que se acerquen a los centros educativos en las situaciones de crisis psicológicas*. La existencia de tales recursos eficientes daría rigor y seguridad a los educadores, que se ven abocados a implementar protocolos que les generan inseguridad. El coste de esfuerzo y económico sería menor para todos. La inversión en formación generalista y la creación de protocolos para que intervengan los educadores resultan a menudo estériles para el propósito de realizar una intervención eficaz. Estos equipos especiales estarán formados por profesionales del ámbito de la educación y la salud mental debidamente formados y con disponibilidad directa ante la demanda de los diferentes centros de la comunidad. Decíamos que serían el equipo de bomberos sociopsicoeducativos que intervendrían en caso de incendio psicológico. No es decir cómo usar las herramientas; es socorrer a la comunidad en el fuego.

La persona herida necesita del arrope de la comunidad para creer que merece la pena darse otra oportunidad y encontrar cantimploras que le rescaten de la sed en la soledad social. La juventud se siente cada vez más sola en la era de la comunicación virtual. Están solos y se relacionan con una pantalla encerrados en sus cuartos. Necesitan sentirse vistos y están atrapados en la más absoluta soledad invisible. El sufrimiento en soledad que viven nuestros jóvenes va en aumento y el resto lo ignoramos. Somos más conscientes de la soledad en la vejez, aunque también miremos a otro lado, pero con la juventud no nos estamos enterando de que están atrapados en el agujero sin salida de la soledad no deseada. Quiero pensar que aún estamos a tiempo de rescatar nuestro futuro, que está sumido en la *soledad comunicativa* en la era de la comunicación en línea.

RELATO

La conocí en consulta al salir del hospital tras salvar su vida de chiripa en un suicidio fracasado. Aún estaba en bachillerato y la desesperación le nubló la esperanza de esperar por si se disipaban tantos nubarrones. Me contaba que necesitaba ayuda y que la terapia hasta entonces no estaba siendo continuada, debido a cambios de profesionales; ella no podía abrirse a su intimidad con confianza para abordar el relato de las circunstancias que la condujeron al intento autolítico.

Recuerdo su mirada con sonrisa y nuestra primera sesión fue definitiva. Es de esas sesiones en las que la intuición es más importante que la razón y lo entendí. Me entregué al vínculo relacional de su relato y aplacé la recogida de datos para elaborar un diagnóstico. Afortunadamente me embarqué en la curiosidad humana para escuchar el contarme libre y generoso para que la conociera en su verdad interior. Nos veíamos a primera hora de la mañana y, aunque las noches eran largas por los chats abiertos hasta horas intempestivas (la vida nocturna y online es apasionante en estas edades), ella venía fiel a nuestra cita, salvo alguna ocasión puntual en la que teníamos la oportunidad de hablar de responsabilidades con respecto a nuestro trabajo y no sólo de consecuencias.

Necesitaba ser vista en sus relaciones sociales de forma recíproca y no había salido bien parada de una relación afectiva. Me contaba que se obsesionaba si no le respondía en un tiempo a sus mensajes y que aquello la trasladaba al miedo a ser abandonada y rechazada. Había construido un patrón comunicativo para iniciar el contacto y creía que así la otra persona la iba a valorar más. Con el tiempo fue comprendiendo que no era así y, al mostrar su insistencia, las otras personas lo entendían como dependencia y la valoraban menos. Era un pensamiento obsesivo basado en una creencia equivocada: «Cuanto más afecto le doy, más seguridad y confianza para que no me rechace o abandone tendré».

Su recorrido vital hasta llegar a la adolescencia no fue fácil y sí diferente. Al empezar la escolarización tenía nombre masculino y el camino identitario le mostró su realidad de poderse reconocer como una mujer. Afortunadamente tuvo el amparo y la comprensión de su familia. Esto ayudó a que también en su entorno se integrara de forma más adecuada la transformación. Ni que decir tiene que también tuvo situaciones sociales de rechazo y vulneración de sus derechos, pero ella supo hacerles frente. La transexualidad nos muestra las costuras de una sociedad en permanente evolución.

Desarrolló su potencial conociendo a iguales con los cuales poderse sentir en comunidad respetándose en la diversidad. Pudo acceder a la cirugía para poderse encontrar más identificada con su cuerpo, para así mejorar su autoconcepto y autoestima. Fue capaz de ser referente también para otras personas que estaban en situación de vulnerabilidad de género. Encontró un propósito vital motivador para sentirse entendida y ayudar a quienes no lo estaban por desconocimiento o soledad comunica-

tiva. Entendió la importancia de ser ella misma con la verdad interior y hacerlo ante los demás. (Mostrarnos ante los demás tal y como somos nos libera de la neurosis, nos conecta con la realidad y nos hace responsables de las consecuencias de elegir hacernos caso y renunciar a lo que esperan de mí o lo que tendría que ser). «Elijo ser yo misma», me decía. Y así comenzó otra vida dentro de la misma vida, porque, aunque no lo veamos en tiempos de crisis con muchos nubarrones, sí se puede lograr. Podemos darnos la oportunidad de pedir ayuda e intentarlo. Hoy es el día en el que se siente satisfecha con su vida y, al hablar con ella para pedirle permiso para relatar su caso de forma anónima, me dio las gracias y se sintió reconocida en su proceso.

5. REPASEMOS LA CONSTRUCCIÓN IDENTITARIA Y LA ESTRUCTURA DE PERSONALIDAD

En psicología damos mucha importancia a conocer la estructura de personalidad y a saber cómo la persona ha construido su propia identidad. Los planos de la casa identitaria nos ayudarán a conocer los entresijos de lo que no se ve y a mantener en pie el ser de la persona. Necesitamos una radiografía de la estructura de personalidad para entender cómo es el proceso de adaptación a la realidad teniendo en cuenta variables orgánicas y ambientales. La adaptación al sistema familiar, inicialmente, dará paso a la integración social en los primeros grupos escolares y de amistades. A través del reconocimiento social y del sentimiento de pertenencia, la identidad va definiéndose y conformando la conciencia de un yo con opinión propia.

Voy a adentrarme en la aventura de poner voz humana a la descripción psicológica de la personalidad.

Estaba tranquilamente envuelto en el líquido amniótico dentro del vientre de la ama *y tenía todas las necesidades cubiertas a través del cordón umbilical. Un día me fui quedando sin espacio y las paredes se cerraban, empujándome a salir hacia lo desconocido. No era fácil, y por fin encontré la salida tras mucho esfuerzo. Cortaron el cordón de la unidad y empezó la dualidad separada. Creo que desde entonces tengo nostalgia del paraíso perdido, donde todo estaba bien y nunca me sentía solo.*

Me tuve que adaptar en todo y ya nada era lo mismo. Mi total dependencia para sobrevivir hacía que estuvieran muy pendientes de mí, y no siempre se daban cuenta de lo que me pasaba. Recuerdo las tardes en las que tenía cólicos en la tripa y no sabían cómo calmarme. Veía en sus miradas la impotencia y el nerviosismo, por lo que me asustaba yo aún más. Eran cuatro cosas las que necesitaba para sentirme todavía en el eco del paraíso del que fui expulsado. Tuve que subirme a un tren en marcha, el de mi familia, con sus códigos comunicativos y las necesidades aprendidas. El objetivo de entendernos no era fácil. Yo necesitaba sentirme atendido y no sabía cómo expresar lo que me pasaba para que me comprendiesen.

La angustia era calmada con la presencia de ellos y necesitaba sentirme arropado. Me aterrorizaba quedarme solo o ser abandonado.

(Así, se va tejiendo el sentimiento de culpa tóxico, es decir, el que nos recuerda el amor condicional y nos lleva al temor a ser abandonados. El chantaje emocional es muy sutil y el doble mensaje nos lleva a creer más el tono verbal que las palabras).

También hizo estragos el sentimiento de vergüenza ante mi espontaneidad en público y sus miradas avergonzadas. Por eso fui aprendiendo lo que es el amor condicional en el espejo de sus miradas. Unos comportamientos eran mejor acogidos que otros, y así comencé a modular mi carácter. El objetivo era sentirme seguro, además de garantizar que me querían y no me iba a quedar solo. Ellos tenían sus necesidades y sus ritmos de vida diferentes; aunque no siempre eran los que yo necesitaba, pero teníamos que encontrar la manera de adaptarnos mutuamente. Las noches eran muy oscuras, necesitaba apaciguar la angustia del vacío con su presencia, con su voz, su olor o su contacto, pero necesitaba sentir que estaban ahí al lado. Hablamos de la angustia existencial y creo que es aquello que ya empecé a sentir intensamente; lo que no entendía con mi mente, ya estaba pasando en mi cuerpo. Aquel tedio vital me conecta con negruras desagradables y soledades sociales. No es agradable acompañar a quien sufre y tenemos tendencia a reñir por ello o ignorarlo, como si no existiese.

La sintonía relacional era como un jarrón de porcelana que al salir a la vida se rompió y tuvimos que reconstruir con los pedazos recogidos. Desde fuera no se aprecian las juntas que unen el jarrón, pero son los planos de la casa identitaria. Nuestra estructura de personalidad empieza a sentirse en vínculo seguro o inseguro, lo cual nos lleva a compensar nuestro comportamiento y nos moldeamos en aras de ser queridos. Así comienza una estructura de personalidad en ciernes que será el encofrado de futuras tendencias que sufrir cuando a nuestro jarrón de la vida vengan momentos de crisis. Según la junta por la que supure la estructura del jarrón veremos filtraciones fóbicas, depresivas, obsesivas, ansiosas, psicosomáticas, del ánimo… Cuestiones más o menos neuróticas que definirán nuestro carácter identitario. Si el agua introducida en nuestro querido jarrón está muy fría o demasiado caliente se puede transformar en hielo o vapor, con lo cual la personalidad ha tenido que crear una estructura disipativa para adaptarse a un medio complejo y caminar hacia la desconexión con la realidad. Es el refugio imaginario que distorsiona la realidad disociándose hacia la psicosis; así se va creando nuestra personalidad esencial. El primer líquido que impregna una barrica de roble, aunque lo vaciemos al instante, deja un deje característico que impregna todas las experiencias posteriores en la vida. Son las memorias simpáticas (sistema nervioso autónomo) o neurocepciones, que guardan los viejos archivos de los cimientos de nuestra personalidad.

Según crecía y me iba enfrentando a la ansiedad por separación de mis vínculos seguros, entendí que era capaz de aplazar la gratificación inmediata y soportar la frustración del berrinche. Comprendí, gracias al poder de la fantasía y la imaginación, que la esperanza era la capacidad de esperar con ilusión, y la voluntad o el esfuerzo se grabaron en mi actitud vital para que el premio luego me supiese más rico. El propósito era llegar a conseguir lo deseado y el esfuerzo daba sentido para alcanzarlo.

El escenario social cambió el tono de las miradas, la influencia de los diferentes espejos me colocó en una adaptación parecida a la del primer viaje en el tren, al que me tuve que subir en marcha. Ahora es otro tren que va más rápido, pero con sensaciones parecidas. Necesitaba ser visto e incluido por los demás y era complaciente para que me aceptaran en sus grupos y no me rechazaran. No quería quedarme fuera y aún no tenía la seguridad suficiente en mí mismo para saber decir que no a lo que no me gustaba del todo. Entendía que primero tenía que hacer algo para que me hiciesen caso. Me empecé a enredar con la necesidad de ser aprobado y con el miedo a ser rechazado. Para ser yo mismo, tenía que ser visto y aceptado por los demás. Me fui enmascarando para crear un personaje valorado por el grupo. Disimulé mi opinión porque tampoco la tenía muy clara y podían más la inseguridad o el miedo a quedarme fuera de los planes. La máscara del personaje se fue haciendo con el control de la opinión de la persona que era, de forma muy sutil, y ya no notaba la diferencia. Aprendí a saber antes lo que pensaba el resto que lo que quería yo mismo. Mi identidad se vendió a lo que esperaban de mí y a lo que tenía que ser. Nuevamente venía de un yo inmaduro en el que necesitaba un tú y un vosotros que me valorasen como realmente era. Al no encontrarlo tuve que aclimatarme para ser aceptado y no quedarme solo. La identidad del yo, por tanto, empezó a ser la del personaje que tenía que sobrevivir para elegir entre la soledad del vacío social o el sentimiento de pertenecer a la cuadrilla. Reconozco que muchas veces callaba para evitar tensión y me asustaba el conflicto que pudiese tener consecuencias de ruptura. No mostraba mi vulnerabilidad porque sabía que se iban a burlar y no quería sentirme humillado. Me acostumbré a decir «sí» cuando en realidad quería decir «no» y no me atreví a decir que sí porque no gustaba al resto o, simplemente, porque ya no sabía muy bien qué es lo que quería. En realidad, el nosotros grupal tragó mi yo inmaduro, que aún estaba en construcción sobre los planos de la casa. Las expectativas externas sobre mí fueron desensibilizando mi verdadera apetencia, que fue quedando sepultada en la nostalgia del paraíso perdido. Me hice más experto en lo que querían los demás que en lo que yo mismo quería y, sin darme cuenta, me fui dando la espalda a mí mismo. Me creí que era la máscara que había construido, anhelando ser querido y negociando para no ser abandonado.

Afortunadamente, tuve la oportunidad de iniciar un proceso terapéutico que me enseñó a conocerme a mí mismo. Tuve la suerte de encontrar una relación profesional en la que aprendí a reconocer los patrones de pensamiento automatizados y basados en emociones vividas en el pasado. Pude hacerme cargo de mi forma de ver y estar en la vida. Desarrollé la capacidad de tomar decisiones basándome en criterios argumentados y no en necesidades de aprobación emocional. Asumí las consecuencias de mis decisiones, alejándome de la queja y la protesta. Supe entender la diferencia entre elegir y renunciar para disfrutar de lo *elegido y no quedarme rumiando las consecuencias de lo renunciado. Me responsabilicé de quien era en realidad y entendí que, aunque no pudiera ser otra persona que me hubiese gustado ser, podía ser todo lo que soy. La satisfacción vital comenzó en aquel proceso.*

Saber cuáles eran los planos de la casa me ayudó a mostrarme ante los demás sabiendo lo que me pasaba, sin perderme en lo que les pasaba a los demás. La terapia de grupo fue la prueba definitiva para engrasar los pensamientos de mi personalidad. Ya podía mirar hacia fuera sin perder mi sitio dentro. Construir mi identidad de forma consciente no me ayudó a ser más que los demás, pero tampoco a ser menos. Lo que sí ocurrió es que pude ver a los demás como también eran, sin someterme o aprovecharme de ellos. La consecuencia de aquello fue el respeto mutuo.

Somos seres sociales y necesitamos sentirnos en relación. La identidad la construimos a lo largo de la vida con nuestras experiencias sociales. Los ladrillos de la casa son la parte genética, pero el aprendizaje vital será la forma definitiva en la que la casa cobre vida propia. Por eso el sufrimiento invisible y en soledad está detrás de muchos suicidios. Encerrados en las habitaciones y esperando ser vistos por la pantalla caprichosa y mentirosa que nos lleva a mendigar por unas migajas de atención ante la insufrible soledad. Los nietos se sienten tan solos o más que los abuelos, y no nos estamos enterando de los estragos que genera en la salud mental de nuestra futura generación. Necesitamos rescatar de la soledad invisible a quienes sufren en silencio el aislamiento y el abandono de toda una comunidad sorda y ciega al respecto.

5.1 IDENTIDADES IDEALIZADAS

La búsqueda de la identidad idealizada nos desvela carencias identitarias que nos muestran las fisuras en la estructuración de personalidad. No podemos ser otra cosa que lo que somos, pero sí podemos ser todo lo que somos. Dejemos a un lado la comparación e imitación de otras personas y busquemos la aceptación de quienes somos en realidad. La búsqueda de lo mejor nos esclaviza y aleja de lo bueno. La perfección, la autoexigencia o la persecución del ideal del yo identitario, nos encadena a ser lo que esperaban que fuéramos y quedamos presos de lo que tenemos que ser. El resultado es una búsqueda de aprobación y reconocimiento que resulta insaciable, sin techo límite. Cuestiones de imagen corporal o de prestigio grupal van de la mano para encontrar el brillo en la mirada de admiración en los demás. La estética, el éxito y el liderazgo son la droga perseguida y, en los casos logrados, es la adicción que condena para el futuro de sus vidas. La mirada externa se convierte en el termómetro de la autoestima psicológica y nunca es suficiente, porque hay personas más brillantes en la competición de destacar.

La idealización se hace más cruel aún a través de la imagen en redes sociales. La pretensión de brillar o destacar se convierte en religión y olvidamos que la vulnerabilidad o el error son también elementos humanos. Para obtener admiración y reconocimiento especial, construimos personajes plastificados. La adolescencia es una oportunidad para conjugar el autorreconocimiento de quienes somos, sin vendernos al disimulo y la vergüenza. El resto es fingir mentiras colectivas. El objetivo es ser más uno y no uno más, porque la verdadera originalidad consiste en volver al origen honrando lo que somos, sintiéndonos dignos y merecedores de tratarnos con respeto.

Si nos atrevemos a mostrar nuestra esencia ante la mirada social sin traicionarnos en nuestra verdad auténtica, sea con luces o con sombras, estaremos apuntalando una identidad en armonía y a prueba para los baches que nos depare la vida. En lugar de torturarnos con la perfección asfixiante, nos asociamos con la responsabilidad imperfecta. Podernos meter a la cama cada noche con la tranquilidad de no tener que aparentar o enmascararnos al día siguiente es algo grande.

Imaginemos una serie en la que el protagonista fuésemos nosotros. Los diferentes capítulos podrían representar vivencias que representen nuestra propia línea vital. Observarnos con una mirada panorámica nos ayudaría a empatizar con quienes somos y nos elegiríamos con más respeto honrando que somos nosotros mismos. Vernos en perspectiva y poner el foco en nuestra realidad, sin quererla cambiar, nos ayuda a sentirnos más seguros e identificarnos con nuestra autoestima. Aunque veamos a otras personas que brillen más, nunca podrán darnos la satisfacción que obtenemos cuando nos abrimos a nuestra verdad legítima y nos mostramos ante los demás.

5.2 COMPARACIÓN E IMITACIÓN ANTE LA FALTA DE SEGURIDAD

Imitar estéticas, copiar comportamientos y suplantar identidades son indicadores de falta de seguridad. La comparación lleva a la persona insegura a sentirse menos, y por eso se fija en otras personas que cree son más seguras y con mayor reconocimiento social. Creen que la hierba del vecino es siempre más verde fuera y se esmeran en tratar el jardín imitando los cuidados. Las modas nos muestran la importancia de lo nuevo, original y diferente. El resultado es la imitación de productos o comportamientos que acaban creando estereotipos alineados. Pensar que al imitar tal o cual forma de hablar nos sentiremos igual de seguros es un timo seguro. Creer que si se tiene pelo rizado es mejor alisarlo y entrar en la esclavitud de pasarse las planchas cada mañana antes de salir de casa es una frustración asegurada. También está la opción de un alisado permanente y así imitan la antigua moda de crear decorados artificiales de escayola que tapaban materiales naturales con vigas de madera que quedaban escondidos. Se dedica mucho tiempo y esfuerzo a tapar lo que somos e intentar copiar lo que son otros. Nunca se llega a ser auténtico y eso acaba notándose, además de ser más caro y frustrante.

La vergüenza social es un elemento interesante para entender lo anteriormente citado. Tenemos tendencia a compararnos con los demás para nivelar nuestro grado de seguridad o sentirnos más o menos que el otro. ¿Para qué necesitamos compararnos con otros? ¿En qué medida la opinión de los demás marca nuestras decisiones en la vida?

Una prueba del citado concepto la podemos encontrar en el estatus social o el glamur que podemos despertar a nuestro alrededor. Nos podemos fijar en iconos de poder desde lo estético y el nivel de vida que socialmente desarrollamos. También la posición profesional o el nivel de prestigio laboral son un buen ejemplo de ello. En ocasiones, el lugar de comparación es el club selecto o las actividades clasistas. En todo esto encontramos un eje vertical de medir las relaciones. Es decir, nos sentimos por encima o por debajo de los demás. La sensación de seguridad se fundamenta en el tener, y nos rodeamos de contertulios que corroboran o estimulan esta filosofía de vida. Los complejos y vergüenzas son elementos humanizadores, psicológicamente válidos.

En tiempos de crisis, la sociedad se da cuenta de que probablemente ha vivido por encima de sus posibilidades, endeudándose de forma arriesgada en aras de prosperar socialmente. La borrachera egocéntrica nos puede llevar a emular a quienes no somos y tildar nuestra sencillez como si fuese simpleza, y no, son complejos de inferioridad que ratifican la vergüenza social. Esto es, maquillar nuestro autenticismo con una idealización de nuestro yo que nos lleve a la euforia y el supuesto éxito. La vergüenza social, por tanto, es porque nos sentimos menos que aquel que admiramos. ¡Ojalá que la humildad nos avisara de las tentaciones del ego!

Desde la psicología, que muchos entendemos como la aplicación científica de la filosofía con lenguaje biologicista y pedagógico, la vergüenza social tiene un objetivo autorregulador de la autoestima en la persona. Y depende de cómo actuemos ante dicha frustración, alimentaremos más nuestra apariencia o, por el contrario, argumentamos con madurez el autenticismo y la sencillez. Lo que al principio provocan la timidez o la inseguridad pueden constituir rasgos de una personalidad sana y congruente con los propios valores de la persona.

Las virtudes del sonrojo tienen que ver con la credibilidad del discurso y la confianza en la persona. Saber integrar la timidez o el sentido del ridículo nos humanizan y acercan más la relación social. Tendríamos que hacer un elogio de la vergüenza. Claro, hablo en una sociedad intimista y no tuneada desde la moral utilitarista. Ya es hora de que demos cuotas de audiencia a personas anónimas, discretas, supuestamente mediocres, pero terriblemente cercanas y cotidianas. Seguro que al verlas en pantalla nos sirven de ejemplo admirable y nos apetece más parecernos a ellas.

La utilización de los medios audiovisuales es una asignatura pendiente en nuestro país. Cuando el antivirus de la vergüenza no está activado, corremos un alto riesgo de que se nos cuele una peligrosa amenaza para nuestro ordenador psíquico. El citado virus se conoce como sinvergüenza y tiende a propagarse con mucha rapidez por todos los sistemas que entren en contacto con él. En fin, como si el ser sinvergüenza fuese una característica de inteligencia y éxito social. El bienestar psíquico aumenta cuando eres templado hacia fuera y cálido hacia dentro. Intentemos hacer un repaso de nuestras vergüenzas en la vida y procuremos traducirlas como una oportunidad para ser mejores personas y no tanto para parecer más seguros.

5.3 IDEAL DEL YO. NECESIDAD DE RECONOCIMIENTO

Buscar la idealidad en lo que somos requiere recibir reconocimiento constante. La búsqueda del ideal es la causa de las subidas constantes de fotos y posturas a las redes sociales. Desde paisajes de ensueño, hasta estéticas de película y logros que despiertan admiración. Todo va dirigido a recibir muchos me gusta y comentarios de valoración especial. Incluso la exhibición de cotidianidad alardeando de naturalidad exenta de vergüenza demuestra el poder de seguridad ante las cámaras. Todo lo que sea brillar y no fracasar marcará el camino para intentar encarnar el ideal del yo. La tiranía del destacar lleva a la persona a convertirse en esclava de los *likes* en redes sociales.

El deporte es otro escenario en el que la competitividad, desde bien pequeñitos, prepara las bases de la futura tortura en busca de marcas y logros, como si fueran a ir a las Olimpiadas. Los gimnasios se llenan y las rutinas saludables junto a la alimentación restringida hacen que gran parte de nuestra sociedad esté cayendo en la obsesión del culto al cuerpo. ¡Ojo con el comer!

Desde jóvenes se vuelven expertos en calorías y alimentación. Se autoprohíben algunos alimentos y confunden la alimentación saludable con la dieta permanente. Oscilan entre los extremos de comida basura y alimentación ortoréxica. La mente fantasea un perfil de cuerpo y manda órdenes militares a la conducta. El resultado es un comportamiento totalmente condicionado entre gasto calórico con ejercicio, restricción de comida y descanso desregulado.

La ropa se ha convertido también en otra señal de identidad idealizada. Los armarios se llenan de trapos efímeros que duran cuatro días. Andar por la calle y no poder resistirse a mirarse, en cualquier cristal que haga de espejo, para comprobar la silueta deseada. El objetivo es siempre el mismo: encarnar la imagen deseada e idealizada que han fantaseado mentalmente y obtener así las miradas de deseo externo.

El coqueteo es incesante y capturar los ojos que se giran al pasar es el premio deseado. También incluyo el perfume de moda, sutil y con glamur especial, la marca de las zapatillas y la última versión del teléfono móvil, que da prestigio al sacarlo en presencia de los demás.

La clase social y el pertenecer a un colegio con más o menos prestigio los coloca en relación con unas costumbres y un tipo de ideología que determinará su identidad social. Los trofeos internos que simbolizan el éxito dentro del grupo irán cincelando el ideal del yo social. Ser reconocido por el grupo es sinónimo de ser alguien. Ser valorado por el ojo social requiere fichar con una serie de obligaciones que cuestionan la raíz de nuestra libertad. La presión grupal sigue la siguiente máxima: *clavo que sobresale del resto necesita martillo*. Encontrar el equilibrio entre recibir reconocimiento y no ser presa de las envidias o los desprecios es tarea complicada.

5.4 TOLERAR LA FRUSTRACIÓN Y POSPONER EL PLACER

El ahora mismo y no saber esperar pueden convertirse en un gran problema para la salud del sujeto. La búsqueda de placer inmediato genera tal nivel de adicción que, cuando ya se ha instaurado en la conducta, resulta muy complicado manejar tal compulsión. Tras el consumo de cualquier tipo de droga, se encuentra la búsqueda de placer y en poco tiempo. Incluso se escucha en el argot popular que con el alcohol se ahogan las penas… ¿Y por qué no tener eso ahora, ya, pudiéndolo conseguir? ¿Cuál es la razón por la que tenemos que renunciar al placer inmediato? Hace poco, en una charla sobre la felicidad, todos coincidimos en lo mismo.

En el camino hacia la felicidad, necesitamos orientar la búsqueda hacia dentro y no dispersarnos en el afuera. Es decir, saber qué necesitamos e intentar satisfacerlo sin perdernos en la idealización del deseo. Uno de los mayores obstáculos para sentirnos felices es buscar el ideal de felicidad.

Es inalcanzable y nos coloca en una insatisfacción constante. Nos complicamos la vida comparándonos con los demás y construyendo referencias distorsionadas sobre el sentirse feliz. Nos quedamos con la interpretación de lo externo en base a nuestra carencia interna.

Desde la psicología sabemos que el aprendizaje de posponer el placer nos prepara psíquicamente para tolerar las frustraciones. Nuestros mecanismos de defensa, que nos ayudan al manejo del placer, son como una chaqueta reversible. Podremos utilizar dichas enseñanzas también para el manejo del sufrimiento. Podemos abrir una puerta hacia dentro en el dolor. Experienciamos que tenemos capacidad de adaptarnos a la crisis y que va a pasar. Saber esperar es conocer el lenguaje de la esperanza. Confiar en un futuro placentero o de alivio en el dolor nos hace más conscientes de nuestra libertad de pensamiento. Deberían enseñarnos desde el principio que somos dueños del enfoque de nuestro pensamiento y que lo podemos dirigir de forma autónoma. Aunque exista manipulación ideológica, tenemos la capacidad de aprender a pensar por nosotros mismos. Podemos concentrarnos en un futuro diferente al momento doloroso, en lugar de proyectar en el mañana situaciones temidas. ¿Cuándo empiezan a gestarse estos recursos psicológicos?

Decía Antonio Vega que todos tenemos nuestro cuarto interior y que algunos afortunados lo descubren. Las vistas desde esta habitación nos enseñan paisajes tranquilos. La confianza en nosotros mismos es fundamental para aprender a tolerar la frustración. Saber que estamos con nosotros y no nos abandonaremos, aunque nos abandonen, se me antoja clave al afrontar nuestras crisis. Sentirnos testigos de nuestro diálogo interior con el miedo nos ayuda a decantarnos del lado de la esperanza. Poder recuperar esa magia del niño en la que imagina, siente, piensa y lo hace todo al mismo tiempo es sinónimo de sincronía; como cuando estábamos envueltos por el líquido amniótico y enchufados simbióticamente al paraíso. Sabernos incondicionales con nosotros mismos nos va a sacar de muchos apuros cuando más solos y desamparados nos encontremos. Es la fe psicológica en lo que somos, sin identificarnos tan sólo con nuestro cuerpo o nuestros pensamientos. Se trata de sentir nuestra presencia y de decirnos en voz alta: «¡Yo existo!».

Quizás esta sea nuestra tarea en la vida, es decir, despertar la conciencia. Por todo esto, es tan importante aprender a esperar e imaginarnos la satisfacción de la alegría al obtener el placer. Así, estamos garantizando un engranaje psicológico que nos alejará de la atrofia o dependencia de la inmediatez. Los previos a la obtención del placer son el aperitivo que nos despierta los jugos gástricos y, al hacerse la boca agua, disfrutamos mucho más del buen bocado. El fin de semana es más placentero tras una semana laboral. El coronar una montaña provoca una sensación proporcional a la dificultad vivida en las rampas. Aprendemos a valorar las cosas antes de obtenerlas y al saborearlas gozamos del premio esperado.

¿Cómo podemos trabajar esto?

Saber decir «no» a lo que no queremos y no nos conviene es una de las muletas. La otra consiste en decir «sí» a lo que queremos y también nos conviene. Cuando decimos «no convencidos», en el lote va que sabemos decir «sí» también con decisión. En el posponer el placer se da una conjunción entre el futuro, pasado y presente, que nos ayuda a tomar la decisión que más se ajusta a nuestra necesidad, teniendo en cuenta nuestras vivencias. Al posponer el placer, aprendemos a decir «no» ahora y «sí» luego. En la tolerancia a la frustración, en cambio, sentimos que sí nos duele ahora, pero quizás no tanto luego. Más allá de la inteligencia emocional, está la inteligencia ética. Para recuperarnos en pleno berrinche vital necesitamos saber que acabará y la tranquilidad llegará tras confiar en la incertidumbre. No podemos escapar del vacío rellenando con comida, objetos o relaciones que nos conducen a trastornos y adicciones. La dopamina nos da un efecto inmediato de ilusión, pero no se queda ni nutre *a posteriori*. Por eso nos engancha tanto la búsqueda de placer inmediato; desde pequeñitos nos ofrecen estímulos externos para calmar la angustia interna, acostumbrándonos mal. Una persona que sabe gestionar sus emociones y encaminarse hacia un objetivo noble está aplicando la fórmula de posponer el placer y tolerar la frustración.

La adolescencia es una etapa vital muy intensa y por ello la inmediatez engancha. Parece que, si no reciben respuesta inmediata a un mensaje, significa falta de interés. Las emociones se viven a volumen alto y se reflejan en sus caras. La pausa y el silencio son sinónimos de perder oportunidades y el vacío se hace insoportable. El lema de *carpe diem* se ha convertido en religión.

El otro día un joven me comentaba la conversación que había tenido con su abuelo. El abuelo argumenta que la falta de fe en la juventud los lleva a apurar la vida porque no creen en una vida después. El joven en cuestión tiene un vínculo estrecho con él y me comentaba con sorpresa y admiración a su abuelo, que, aunque no creyese en una vida después, comentaba sobre la juventud que sí se reconoce en la necesidad de viajar y estrujar la vida al máximo. No están para perder el tiempo y no ven la necesidad de esperar a vivir como han hecho sus padres con el trabajo hasta la jubilación, trabajando demasiado hasta entonces. También es verdad que a muchos les quedan sueldos muy precarios tras largos años de estudios especializados. No pueden acceder a emanciparse y se sienten traicionados por un sistema que los engañó para sacrificarse a cambio de unos ingresos insuficientes para desarrollar las necesidades básicas. Por tanto, viven al día y no confían en ahorrar para el futuro.

5.5 INDICADORES DE RIESGO ANTE LA IDEACIÓN SUICIDA

Es necesario escuchar el *dolor mental*. Tengamos cuidado con *el sentimiento de pertenencia frustrado* que lleva a la persona a sentirse sola, la *falta de objetivos y propósitos vitales* que cortan la esperanza de un futuro mejor, el sentimiento de *ser una carga* para su familia y sentirse atrapado para siempre. *Se odia a sí mismo* y no se soporta, hasta el punto de llegar a darse asco. Dificultad para contar lo que le pasa y *soledad comunicativa*. La persona se siente aislada y desamparada, quedando atrapada por pensamientos automáticos. Distorsiona cualquier esperanza de cambio y tiene una *percepción catastrofista de su futuro*. Aunque tenga un entorno de ayuda, no lo ve y se encierra en el *bucle de acabar con todo ya*. El aislamiento comunicativo aumenta y se refugia en su cuarto rechazando participar en actividades comunes dentro de la familia o el grupo.

Es muy complicado detectar los pensamientos automáticos en bucle. Va arraigándose la fantasía liberadora a través del suicidio. Son silenciosos e invisibles, a menudo intensos e invasivos para la persona que los sufre. Aunque intente desviar la atención, en realidad le asuste al comienzo, acaba convirtiéndose en una salida desesperada.

La presencia en los silencios requiere de miradas respetuosas y acompañamientos familiares, aunque sea una vez al día en alguna de las tres comidas. *Estar juntos en la mesa y sin móviles es una medida protectora*, que genera la oportunidad de sentirnos arropados. Respetemos los silencios y no invadamos con preguntas. Hablar de nosotros mismos siempre será una buena forma de que quizá nos cuenten lo que les pasa.

A continuación voy a desgranar algunos indicadores de riesgo a tener en cuenta para estar atentos. Quiero insistir en la idea de respetar lo ocurrido y no enjuiciar ni culpar al entorno de las personas que han sufrido una tentativa suicida. Acercarnos al tema de la prevención no significa que el entorno ha fallado y que por ello la persona murió por suicidio. Nada más lejos de mi intención al reflexionar sobre el tema del suicidio. Entender y aprender de la situación es el camino para ayudar a quienes sufren.

5.5.1 SUFRIMIENTO INTENSO Y CONTINUADO

El dolor psicológico no aparece en una radiografía, pero también cuenta y es devastador para la supervivencia de la persona, cuando se alarga en el tiempo sin esperanza de curación. Lo que no se ve no se entiende y, por tanto, tendemos a negarlo. No importan las causas que han podido llevarle a sufrir. Tampoco ayuda el cuestionar la gravedad de la crisis. Cuando alguien nos dice que lo está pasando mal, necesita escucha y no tanto consejo.

Es más importante aquello que nunca nos dice, necesitamos atender a los temas evitados. El sufrimiento se muestra en gestos y comportamientos, más que en palabras o relatos. Son miradas ausentes y caras tristes. Es una actitud irascible y gruñona. Son encuentros esquivos y cambios de hábito. Jornadas inacabables con el móvil y notar cambios de humor inmediatos. Y en otras ocasiones no hay rastro del mundo interno disimulado del dolor invisible. Tras contestaciones de «sin más», nos encontramos evitaciones del tema que igual no hemos conseguido desvelar. Recordemos que tampoco quieren preocuparnos o se sienten bajo amenazas si cuentan lo que está sucediendo.

La mayoría de las veces no saben qué decir, pero no se sienten bien. No siempre hay que preguntar el porqué. Autorizar el sufrimiento y escuchar su queja o protesta ya es ayudar. Lo fundamental es creer lo que nos cuenta. Y no es fácil para el entorno escuchar la desesperación constante, pero necesita que le creamos. Odia sentirse compadecido o que esté mendigando atención. Se siente en bucle e incluso duda de si tiene la culpa de lo que está sufriendo. Como si fuese síntoma de debilidad o no estuviese poniendo todo de su parte para salir de la tristeza. Desvalorizar la importancia que tiene lo sucedido y minusvalorar el disgusto no ayuda en nada. Compararle con otras situaciones más difíciles para ver si así espabila no hace sino ahondar aún más su sentimiento de fracaso y se siente más culpable. Son códigos comunicativos que bien requieren una consulta especializada para recibir una valoración. El sufrimiento continuado agota a la persona que lo padece y requiere de ayuda adecuada para ser rescatada.

5.5.2 FALTA DE ESPERANZA

El tiempo prolongado sufriendo va en contra de mantener la esperanza de recuperarse. Ya no tienen más paciencia para esperar la recuperación de tiempos mejores. La distorsión cognitiva los lleva a la fatalidad crónica para su futuro con total desesperanza. Cuando alguien lleva mucho tiempo en el pozo y lo ve todo negro, se hunde y no ve más allá de la oscuridad.

Aunque desde fuera entendamos que tras una ruptura sentimental vendrán otras oportunidades de conocer a gente nueva, la intensidad y el desgarro con lo que lo viven hace que se nuble la esperanza de superar la ansiedad por separación. Los bloqueos de los contactos generan más obsesión y angustia, pero ponen de manifiesto la dificultad de aceptar un no. No por más insistir van a recuperar aquella relación deseada, y el berrinche afectivo pone en evidencia la inmadurez para gestionar las irreversibilidades inherentes a la vida.

Imaginad una persona que ha luchado académicamente para poder acceder a estudiar medicina en la universidad. La nota de corte es muy alta y requiere ser brillante en todo. Encontramos un perfil de personalidad autoexigente y perfeccionista, que además ha generado una expectativa interna y externa que lo lleva al sentimiento de fracaso si no lo consigue. Quedarse fuera y tener que elegir otro grado y quizás acceder el año siguiente no le sirve y se siente traicionado por haber realizado tanto esfuerzo estéril. Se truncan sus sueños vocacionales y no ve alternativas en las que se ilusione con esperanza. Aceptar los reveses de la vida con esperanza, aunque al principio no lo entendamos, requiere de experiencia vital y mucho apoyo del entorno.

Sufrir acoso y desprecio provoca heridas sociales que se hacen profundas. Los rechazos y las burlas continuas los llevan a tal sufrimiento que no ven salida. La rabia aumenta y no hay refugio ni descanso debido a la persecución *online*.

La amenaza y la extorsión de publicar en las redes informaciones que hagan más daño son incesantes y se sienten en la indefensión. La esperanza distorsionada de morir para que lo dejen en paz y sepan todo lo que ocurría es un pensamiento invasivo que cuidar. Siempre existe la opción de la denuncia en vida y le daremos la protección esperanzadora de que dejarán de hacerlo. Aquí es vital la implicación de los espectadores que sabían todo y no hacían nada, incluidas las propias familias.

5.5.3 *FALTA DE PROPÓSITOS VITALES*

Estar inmerso en un plan deportivo, académico, social o de curiosidad cualquiera, es un factor protector ante la ideación suicida. Tener objetivos, del tipo que sea, nos permite seguir esforzándonos en algo con esperanza. Cuando vemos que nuestro joven no se agarra a nada y no tiene interés alguno, entenderemos que el vacío y el sufrimiento son como bacterias que pueden infectar su personalidad. No es difícil descolgarse del tren de la vida en una época como la adolescencia, en la que creemos que es el último tren y ya no habrá más oportunidades. El idilio y la intensidad de fantasear con convertirse en todo lo que aún es posible hace que el no tener propósitos en la vida los llene de negrura existencial. El tedio vital se apodera del día y la noche, tienen la sensación de llegar siempre tarde a todo. Piensan que los demás ya han conseguido posiciones en la carrera de la vida y se ven cada vez más descolgados del grupo de iguales. Desearían ser otra persona y creen que todos los demás son mejores.

En ocasiones el propósito vital es simplemente que lleguen las vacaciones y poder descansar o hacer la esperada visita. No tiene por qué ser un objetivo idealizado, pero la capacidad de esperar funciona cuando hay algún pequeño premio a la vuelta del esfuerzo. Saber que merece la pena levantarse cada día porque encontramos un sentido para el esfuerzo cotidiano, tener metas reales y alcanzables, da confianza en poderlo lograr, aumentando así la motivación para conseguirlo.

Lo peor de todo es cuando no saben hacia dónde van ni quiénes son, están perdidos y sin rumbo, con la presión añadida de la comparación cruel con lo que hacen los demás y lo que se espera de ellos. Es justo aquí cuando la mente les juega una mala jugada y les miente, haciéndoles creer que morir sería mejor y el objetivo que conseguir. A partir de ahí, sus pensamientos encuentran el sentido del sufrimiento sobre el futuro y abandonan un proyecto vital que creen ya fracasado para siempre. Están equivocados en lo que piensan, pero se sienten solos y desamparados ante lo que sienten.

Los grupos terapéuticos de iguales en la gente joven tienen buen pronóstico y son de gran valía. Animo a los profesionales de la salud mental a crear grupos de terapia bien compensados y con una buena guía por parte del profesional que lidere el trabajo. Es un cortafuegos inmejorable en los casos de riesgo suicida y un seguro de vida bien acordonado tras la tentativa realizada.

5.5.4 RUMIACIÓN CLANDESTINA DE PROBLEMAS, NO HABLAR LAS COSAS

Guardarse para sí los disgustos y el sufrimiento sólo hace que el problema se agrande. Darle muchas vueltas al problema y rumiar en soledad provocan la anticipación de un futuro gris sin salida. Aprender a poner en voz alta nuestros pensamientos en un lugar de confianza y seguro nos ayudará a no caer en las obsesiones. Incluso la escritura de un diario puede ser una estrategia adecuada para estructurar una narrativa que nos permita reconstruir significados ante los problemas. La persona podrá leer lo que va relatando y *a posteriori* tomar conciencia del pensamiento distorsionado.

Es importante saber detectar cuándo comienza el pensamiento automático de desesperanza y relacionarlo con alguna emoción relacional que está fracasando. Ahí está la clave del rescate: ser capaces de asociar la rumiación obsesiva con la emoción frustrante. Identificar dicho mecanismo nos va a ayudar al aprendizaje saludable de expresar primero la emoción afectada y luego dotarla del significado cognitivo transformado. Hay mucho trabajo por hacer en la alfabetización del idioma emocional y social; somos responsables de impulsar la educación en dicha inteligencia.

Encerrarse en su mundo de pensamientos y ver que no está presente en las conversaciones es sinónimo de preocupación. Al sentimiento de fracaso personal, indefensión y desesperanza ante la vida, se unen la impulsividad y la inmediatez. Estos indicadores muestran que la persona no ha desarrollado habilidades comunicativas para pedir ayuda ante sus problemas. Necesitamos ayudarle a que entienda que el dolor y el vacío que siente es temporal, no permanente, que los problemas se pueden solucionar y que pida ayuda para encontrar alivio a la tortura obsesiva. Si logramos que cuente algo y aplace la toma de decisiones definitivas a problemas momentáneos, estamos dándole una bola extra para la vida.

5.5.5 SENTIMIENTO DE SOLEDAD RELACIONAL

Las preocupaciones propias de la edad se llevan más fácil cuando sienten que forman parte de un grupo, siendo entendidos en su propio código comunicativo. Verle sufrir porque no sale con nadie y que no le llamen para hacer planes nos preocupa por la repercusión en su autoestima. Desde la escuela nos informan de que tampoco tiene un vínculo relacional de amistades y no quiere ir a ninguna actividad extraescolar por miedo a que le pase lo mismo. No se apunta a campamentos de verano porque no tiene a nadie para ir acompañado y no se atreve a ir solo.

Nos cuesta entender por qué no habla con nosotros sobre lo que le sucede y le demostramos que estamos a su lado para ayudarle. Pero se siente fracasado y no quiere preocuparnos. Tampoco lo entendemos muchas veces y lo bombardeamos con diferentes actividades para conocer a gente diferente. Seguro que percibe nuestra urgencia para que salga de la difícil situación, y no encontramos la sintonía adecuada para comunicarnos bien. Necesita saber que estamos a su lado incondicionalmente y que somos más escucha activa que pregunta constante.

He conocido situaciones en las que una mascota ha ayudado a complementar la ausencia relacional. Las obligaciones de cuidar y de pasear hacen que se active al mundo social con un punto de apoyo. Además, se genera un vínculo afectivo incondicional y la ilusión del cuidado puede más que la pereza de tener que responsabilizarse de múltiples tareas al respecto. La red social que se genera a través de las mascotas genera un sentimiento de pertenencia que se extiende a las redes sociales.

Lo importante es no dejar sola a la persona que no encuentra puntos de apoyo por los cuales siga mereciendo la pena seguir en la aventura del vivir. Toda persona que sufre merece ser ayudada de la forma en la que cada cual pueda hacerlo.

5.5.6 PÉRDIDAS IRREVERSIBLES NO RESUELTAS

Las muertes de personas cercanas y de forma repentina o traumática son situaciones que tener en cuenta. Son espejos rotos para siempre, y la irreversibilidad lleva a la angustia de no poder recibir esa mirada ya nunca más. Constatar que aquella mirada en la que se sentía en buenas manos ya no está disponible provoca un terremoto emocional que en algunos casos genera dudas sobre el sentido de seguir viviendo así.

El sentimiento de tristeza intensa se puede confundir en los duelos con los síntomas de una depresión clínica. Aunque son diagnósticos diferentes, es importante saber que la persona en duelo reciente necesita de cuidados especiales tempranamente. Aunque no haya una manifestación externa del dolor por la pérdida, sabemos que hay un estallido interno del significado de la vida al perder a su ser querido. Esto no significa que haya una correlación directa con la ideación suicida; lo que pretendo indicar es la sacudida que se genera en los cimientos de la estructura de la personalidad y el consiguiente riesgo de abrirse alguna laguna identitaria.

La intervención temprana en los procesos de duelo ayudará a entender que la angustia intensa es una emoción pasajera, aunque la ausencia sea permanente e irreversible. Saber que pasará la intensidad de dicho dolor, que llegará un momento en el que podrá recordar a su ser querido con cariño y agradecimiento, le ayudará a desarrollar esperanza con confianza para seguir aprendiendo en la vida. La inmediatez del dolor en los duelos necesita de una luz que ilumine un después posible, aunque ya no esté presente el ser querido.

El pensamiento intrusivo y distorsionado de quitarse la vida para irse con su ser querido de forma impulsiva constata la necesaria vigilancia en la fase de estrés postraumático. El impulso irracional hacia la muerte requiere de un proceso de mentalización para modular el secuestro amigdalar que sufre la persona sufriente. Pensar que no quiere seguir viviendo sin su ser querido es una idea posible, pero que no tiene por qué ejecutarse si conseguimos moldear el torrente desesperado; es una fantasía que asusta.

Validar lo que la persona está sintiendo es una buena ayuda para que recupere el control de la gestión de sus emociones. Cuestionar su desesperanza porque nos asusta escuchar que menciona ideación catastrofista lo lleva a sentirse solo e incomprendido. Cuidemos a los huérfanos y hermanos en duelo, porque se encuentran en un estado de profunda vulnerabilidad. También las muertes de amigos significativos requieren de una primera atención especial.

5.5.7 INSTINTO DE SUPERVIVENCIA ESTROPEADO ANTE SITUACIONES COTIDIANAS

El instinto de supervivencia es un mecanismo adaptativo que nos acompaña a lo largo de la vida con la finalidad de protegernos del peligro. De forma instintiva atacamos, huimos o nos paralizamos en función de las características del riesgo. La gestión de dichos patrones nos ayudará a comprender la capacidad de adaptación que muestra la persona ante situaciones difíciles. Pueden ser temerosos o temerarios; el manejo de la rabia nos dará un indicador de autoprotección ante los riesgos inherentes a la vida. Defender los propios intereses de forma adecuada es un buen seguro de vida ante los ataques imprevistos.

Los escorpiones se suicidan cuando se sienten acorralados clavándose su propio aguijón. Las personas tenemos el don de la imaginación para poder diseñar un futuro y fantasear posibles salidas esperanzadoras. Pero también nuestra imaginación puede estar secuestrada por el catastrofismo y fantasear peligros irracionales que nos confundan la realidad. Los bloqueos abandónicos ante los pequeños reveses de la vida nos van dando una muestra de cómo el instinto de supervivencia necesita de una revisión o reajuste para que nos rescate de situaciones adaptativas.

Podemos tener en cuenta un análisis longitudinal o la línea de vida en cada persona para entender cuál ha sido su respuesta ante los distintos conflictos serios que haya podido tener. La retirada y la actitud derrotista como denominador común nos alertarán de que es necesario reforzar la asertividad. Otros indicadores pueden ser también la ansiedad de separación o el temor ante situaciones nuevas, la inseguridad que genera la incertidumbre o la incapacidad de adaptarse a los cambios no deseados. La evolución de la persona está directamente relacionada con la capacidad de adaptación a las nuevas situaciones.

Nos ayudaría mucho volver a la costumbre de arreglar las cosas en lugar de tirarlas y comprar otras nuevas. Estamos perdiendo la cultura del reparar y nos cansamos de todo enseguida. Vivimos bajo la tiranía de la novedad y lo diferente. Buscamos como poseídos aquello que nos haga destacar sobre el resto para así ser diferentes. Ya no quedan apenas las tiendas de reparación de zapatos o electrodomésticos. Los talleres de coche reponen piezas, dicen que no merece la pena arreglar y que sale más barato, incluso. Hemos generado una sociedad de usar y tirar en la que enseguida nos quedamos atrás si no evolucionamos al ritmo de las nuevas aplicaciones. Acumulamos cosas y consumimos sin medida. Tenemos teléfonos que mueren de forma meteórica y el estrés tecnológico nos crea mucha ansiedad.

Caemos en la trampa de entender nuestras vidas de forma virtual. No podemos comprar otra vida y tenemos la obligación de cuidar bien la que tenemos. Somos responsables de arreglarnos en lugar de acomplejarnos queriendo ser otra persona que nunca llegaremos a ser. Disponemos de un cuerpo para toda nuestra vida y, si se nos va estropeando, nos ayudarán curándolo si se puede. No podemos comprarnos por catálogo y tirarnos a la basura si fracasamos. No estamos en garantía y no nos van a devolver una vida nueva. Pienso que creemos estar viviendo en una partida virtual en la que pensamos que podemos empezar una nueva vida, si nos salimos de la actual, en la que perdemos y se nos pone todo patas arriba.

5.6 SER MÁS PERSONA Y MENOS PERSONAJE

Estamos viviendo tiempos de máscaras y escaparates. Guardamos las sombras y ocultamos las trastiendas. *La tiranía de la felicidad permanente está deshumanizando nuestras vidas*, hasta el punto de ser esclavos de la idealización de la realidad. Estamos más pendientes de aparentar que de ser y nos confundimos al imitar personajes de plástico que son espejismos de ser uno mismo. Un antiguo jefe me dijo una vez que en esta vida no sólo es importante ser bueno, sino que hay que parecerlo. Me quedé pensando sobre mí, que bastante me costaba estar pendiente de serlo, como para complicarme con el *marketing*. Tendría razón, porque en otra entrevista en prensa me aconsejaban que tenía que aparecer en una web porque, si no, no era nadie. Echo en falta el humanismo clásico del directo en una charla sin PowerPoint ni proyector, estar en contacto directo con el público y crear un ambiente íntimo donde no se grabe nada. Apuesto por ser más personas de exposición en directo para humanizar la vulnerabilidad, la vergüenza, la inseguridad y el miedo al fracaso. Confío en que, al abandonarnos a lo que somos con humildad y sin humillarnos por lo que tenemos que ser, algo pasa, porque todo fluye mejor. Permitimos que sea el «duende» quien dirija nuestra actuación, como decía Lorca. No empujemos el río, porque fluye solo.

Mantener la representación del personaje enmascarado requiere mucho gasto de energía y acaba agotando. Deshonramos a la persona auténtica que somos en realidad y mendigamos aprobación o reconocimiento, cayendo en la dependencia de lo que opinen de nosotros. Ser más persona que personaje implica renunciar a caer bien; el reto es mostrarnos como somos ante los demás. El riesgo de ser rechazados, abandonados o no entendidos está siempre al acecho. La conclusión es quedarnos satisfechos de no traicionarnos o someternos para obtener migajas de reconocimiento. Meternos a la cama cada noche en paz con lo que somos y sin sentir nuestra soledad. Quedar bien con los demás tiene el precio, en ocasiones, de quedar mal con nosotros.

Volvemos a recordar el egoísmo responsable para hacernos cargo de nuestras necesidades sin quedarnos en la queja y el reproche porque hemos fantaseado con el altruismo egoísta, es decir, complacer al mundo creyendo que así se darán cuenta de nuestro merecimiento de recibir aprecio. Ayudar al otro no significa olvidarnos de nuestras necesidades. Y aprender a cuidarnos no implica ignorar al de enfrente. Lo fundamental es no caer en la indiferencia interpersonal, porque tú y yo nos necesitamos para formar un buen nosotros.

5.7 EGOCIDIO Y EL VÉRTIGO DE SER MEDIOCRE

El «egocidio» es un término que ya utilicé en mi anterior trabajo *Cómo superar el duelo: hablar de la muerte nos acerca a la vida*. El ego es la máscara que construimos en la vida para ser queridos y no rechazados o abandonados. Es el personaje en el que nos convertimos tapando la persona auténtica que somos. Es el corrector que nos damos para que no se noten las ojeras. De tanto ponernos la máscara, la confundimos con nuestra verdadera identidad. Hemos enterrado tantas veces nuestra verdad que creemos haberla perdido para siempre estando sin rumbo y a la deriva en la jungla de mendigar afecto. Interpretamos que si nos mostramos al natural somos demasiado mediocres y no tendremos seguidores. No merece la pena seguir disimulando mientras usamos alcohol u otras drogas que impulsen hacia un ánimo artificial y caduco para rebajar la vergüenza y el miedo.

Cuando la vida nos aprieta y ya no podemos más, valoremos la posibilidad de apagar el ego y ver qué pasa. Seamos insumisos ante lo que esperan de nosotros o lo que debemos hacer. Démonos una oportunidad para darle un corte de mangas al ideal del yo y admitir lo vulnerables o fracasados que somos. Hagámoslo con elegancia y cojámonos de la mano en lugar de darnos la espalda o una patada tirándonos por el barranco del suicidio. Si no vemos otra salida que desprendernos de algo, digamos adiós a la máscara y no a quien la lleva, escondido por el destierro injusto desde que era pequeño. No ha tenido oportunidades de demostrar lo mucho que vale y, tras los múltiples fracasos de la máscara, encima decide cargarse toda posibilidad de cambio. *El suicidio es morir matándose. El egocidio es matar la máscara para revivirse.* Además, si elegimos cargarnos al ego, siempre tenemos otra oportunidad para empezar una nueva partida. Nos exponemos al rechazo e incluso al abandono cruel, pero por otro lado, nos juramos lealtad eterna y decidimos estar de nuestro lado pase lo que pase.

Apostar por desnudar nuestra alma ante la mirada social es una cuestión difícil, puesto que nos conecta con nuestros complejos de inferioridad y el fracaso irreversible. Requiere decisión y convencimiento, elegir vivir con lo que somos y salir al mundo sin maquillajes psicológicos. No es cuestión de heroicidades, más bien es todo lo contrario. Se trata de humildad, sencillez y bendita verdad. Antes de hacer y decir, necesitamos mirar y escuchar. El silencio del ego nos ayudará a profundizar en nuestra realidad y así trascender el ruido exterior que nos confunde en el camino de profundizar hacia el interior de uno mismo. Repito que al hacerlo nos acercamos más al nosotros humanista y no tanto narcisista. El silencio, la pausa, la escucha profunda y la contemplación son el idioma en el que se escribe el mapa del retorno a casa. La tinta con la que se rotula va más allá de razones y protocolos. La grieta que nos permite ver un rayito de esperanza cuando todo pinta negro pasa por creer en nosotros, aunque ahora no lo comprendamos. Hay una grieta en todo y así pasa la luz.

El egocidio es una experiencia radical que nos puede llevar a una vida liberada e iniciática. Es la segunda vida que la existencia nos tiene reservada en caso de urgencia. La podemos usar todos y sólo tenemos que ser conscientes de ello. La vida comodín aparece cuando más la necesitamos; es la que descubrimos al despertar del hechizo del ego. Fuimos cayendo en la trampa de la máscara y nos las prometíamos felices, sin saber que era mentira y un día nos pincharían el globo. Volver a la vida tras la tentativa de suicidio es una ocasión magnífica para cesar al ego y poner el rumbo de nuestras vidas en manos de nuestra verdad redimida. Dejamos libre de cargas nuestra existencia y la liberamos de una situación penosa y esclava. El miedo a quedarnos solos se convierte en reencontrarnos para toda la vida. La trascendencia hacia esa otra vida, dentro de la vida que tenemos, es la que da sentido a nuestra existencia para elegir seguir viviendo sin volver a caer en la tentativa suicida. Levantamos el embargo del yo que somos y renunciamos al ego. La pausa y el silencio que promulga la filosofía de los estoicos es una buena referencia para escucharnos. El truco consiste en volver a sintonizar con nuestra frecuencia modulada y ser capaces de mostrarnos ante alguien. Somos seres relacionales y, por tanto, nuestro yo se reafirma cuando existe un espejo en relación social.

5.8 SER ORIGINAL ES VOLVER AL ORIGEN

Encontrarnos en calma interior al meditar en silencio puede convertirse en un refugio seguro para hacerlo luego en la realidad. Quedarnos en espacios burbuja que sustituyan el ruido urbano con las estridencias de cada día es un poco trampa. Es fácil meditar en el refugio habilitado para ello; el riesgo es que se convierta en un gueto, tapando así nuestra dificultad para meditar con la velocidad de las tareas diarias. Estar con nosotros hasta el fin del mundo es sinónimo de no avergonzarnos cuando nos mostramos en sociedad. Me encantan las personas genuinas en sus relaciones sociales. Son espontáneas y encarnan lo que dicen sin poses o estrategias calculadas. La sintonía con la propia verdad de lo que son les permite atender las demandas del exterior sin dejar de escuchar su interior.

El ser diferente se ha convertido en religión con multitud de fieles. Sufrimos saturación informativa de referentes e ideas parecidas. Para que algo nos llame la atención en el bombardeo de noticias *online*, tenemos que mostrar algo distinto en fondo o en formato. La búsqueda incesante de la novedad hace que perdamos el sentido de mostrarnos. No queremos repetirnos y los disfraces comunicativos van dirigidos a atraer la atención. Es como si tuviésemos meses y estuviéramos en la guardería. Nos las tenemos que ingeniar para ser vistos en la jungla de tantas personas en la misma sala.

Ser original implica actuar en congruencia entre lo que pensamos, sentimos, hacemos y creemos. La conjunción armónica de los mencionados estados del yo provoca en el interlocutor credibilidad y más seguridad. La clave está en ser genuino con el grupo presente. Al estar solos y atrevernos a ser auténticos nos estamos entrenando para hacerlo luego en público. Pero, si no somos capaces de lograrlo, los ejercicios de verificación personal en nuestros ejercicios meditativos habrán fracasado.

Mirarnos al espejo con la autoestima saneada nos ayudará a valorar a quien vemos reflejado. Nada nos sabrá mejor que el sabor de nuestra verdad recuperada. Nos reconocemos en el eco de quien fuimos y nunca hemos dejado de ser, aunque nos hayamos dado la espalda. Volver a la casa interior significa despojarnos de la máscara que lo encubre. Nunca hemos dejado de estar disponibles; el problema ha sido el disimulo y el miedo a quedarnos solos. Ahora decidimos no estar solos nunca más, pese a quien pese. Aunque sepamos varios idiomas, siempre nos comunicaremos mejor con nuestra lengua madre. Aquella que aprendimos sin ir a la escuela y que ha quedado registrada como primera comunicación relacional automatizada. El olor a hierba recién cortada, el sonido de las golondrinas, las luces de Navidad, la merienda de las tardes al salir de la escuela, la toalla suave al salir de la ducha y tantos recuerdos verdaderos que nos conectan con el origen recuperado. Volver a nuestro hogar interno es acercarnos al paraíso desde el que podremos afrontar los rincones oscuros de la vida y disfrutar con intensidad los amaneceres de cada día.

5.9 ME MIRO CON RESPETO Y SIN VERGÜENZA

Tras una tentativa suicida, la vergüenza social aumenta y nos cuesta exponernos socialmente. Entonces más que nunca es el momento de mostrarnos respeto y darnos la mano para volver a salir al mundo. Somos dignos y merecedores de tratarnos con justicia y humanidad. Aprenderemos a mirarnos al espejo con empatía rotunda. Intentaremos querernos cuando más lo necesitamos, aunque sea cuando más nos despreciamos. La vergüenza por lo sucedido nos condena al juicio cruel de la crítica deshumanizada. Caer en el destierro social por lo sucedido es abandonar a la víctima de una agresión mortal. Mirarnos con desprecio y acusación es dar la razón a quien ha intentado asesinarnos abandonándonos en la cuneta con total impunidad. No podemos ponernos de parte del enemigo y retroalimentar la indefensión, porque somos víctimas y no verdugos de lo ocurrido. La tarea de los supervivientes es la de respetarse, concediéndose la amnistía incondicional saliendo al mundo sin vergüenza ni autodenigración por el cruel ataque sufrido.

Para lograr respetarnos incondicionalmente ayuda mucho la experiencia de habernos sentido mirados así por alguien a lo largo de la vida. Aunque nos cueste creerlo, si hemos vivenciado dicha mirada alguna vez y en una relación mantenida, hemos descubierto las coordenadas para volver a casa con el mapa vivenciado. Mirarnos con aprecio pase lo que pase y estar dispuestos a corregir errores es un indicador de sabiduría. Avergonzarnos de nosotros mismos tras una tentativa suicida es muy humano; el desdén y el odio hacia nosotros mismos refleja el nivel de sufrimiento mantenido. Mostrarnos en nuestra verdad tras lo ocurrido requiere de mucho coraje y madurez. Por encima de las críticas y los enjuiciamientos sociales, daremos importancia a lo que nos digamos en primera persona.

El espejo es una herramienta maravillosa para tener una meditación interactiva. Lo podemos usar para algo más que preguntarle: «Espejito, espejito, ¿quién es el más bello del mundo?». La estética eclipsa la consciencia del discurso interno que asoma en nuestra mirada. Los gestos y el propio cuerpo reflejan en el espejo nuestra realidad disimulada o escondida. Tenemos una gran oportunidad de liberarnos del velo de la vergüenza, pues no estamos condenados; al contrario, nos han absuelto de cualquier castigo y la vida nos da otra oportunidad.

La vergüenza es un sentimiento derivado de la inseguridad y la dependencia de la opinión externa. Nos hacemos pequeños al compararnos con otras personas que consideramos más seguras que nosotros. La falta de autoestima nos conduce a mirarnos con desprecio y nos ridiculizamos sin piedad; así, reaccionamos ante situaciones inesperadas. Todo empieza con un pensamiento de autodesvalorización y la creencia de que la persona que tenemos delante piensa lo mismo. El resultado es el sonrojo y nos hacemos pequeños.

Nos damos cuenta de nuestra vergüenza y de que los demás se percatan de ello. Esto hace que la incomodidad aumente y que desearíamos que la tierra nos tragara. La mente ordena la huida y el cuerpo obedece escapando del contacto social. Esto es cuando el apuro ha llegado de forma inesperada, pero, si la situación temida aún no se ha dado, haremos lo que sea para evitarla. La vergüenza nos condena al ostracismo social y la inseguridad de mostrarnos con naturalidad nos reduce a la versión más pobre de nuestra identidad. La timidez y la vergüenza se notan más por dentro que por fuera, aunque nos parece que no es así. Creemos que los demás lo perciben y que nos miran de arriba abajo, pero no es así: nosotros los miramos de abajo arriba.

Pongamos el caso de la vergüenza social ante una infidelidad. Encontrarnos en la calle con conocidos que nos pregunten por la pareja, que a ver dónde está, nos pone en un aprieto. Si es puntual salimos del paso con cualquier pretexto. Cuando la ruptura es permanente nos resulta más fácil decir la verdad y no tendremos que encubrir la infidelidad. Nos miramos con vergüenza por ser abandonados por otra persona y pensamos que no nos entenderán o, en algunos casos, no nos creerán. El resultado es salir poco, en lugares donde no nos conozcan y evitando ser vistos demasiado. Comenzamos una vida de refugiados clandestinos por miedo al qué dirán de nosotros y nos da vergüenza que nos vean en lugares frecuentados. El aislamiento social tras las rupturas deja solo a quien sufre y sin tejido social que lo recoja.

La relación que tenemos con el aspecto de nuestro cuerpo puede ser también un ejemplo concreto de lo despiadados que podemos llegar a ser con nosotros mismos. Los complejos de inferioridad derivados de nuestra estética corporal nos pueden llevar en ocasiones a la esclavización obsesiva de rutinas. Las comidas de dieta permanente y el ejercicio a nivel de Olimpiadas muestran un indicador de que nos avergonzamos de quienes somos de forma natural. Las miradas comparativas al salir del agua en la playa o entrar a la ducha en el gimnasio. La gordofobia y los tamaños corporales son sufridos en una cultura tiranizada por el culto al cuerpo.

No quiero olvidarme de la soledad. Nos da vergüenza que nos vean solos y que estamos colgados. El sentir que no pertenecemos a un grupo o que no tenemos familia hace que nos sintamos como unos apestados sociales. La pertenencia frustrada y el no tener a nadie a quien llamar habitualmente hacen que nos sintamos como si saliéramos por primera vez a la calle en silla de ruedas. Nos sentimos observados y atrapados en una postura inferior. La vergüenza nos lleva a pensar que tenemos la culpa de lo que nos pasa.

Me gusta pensar que sentir vergüenza es también una virtud, de lo contrario seríamos «sinvergüenzas». La timidez y la vergüenza son termómetros de nuestra humildad y nos pueden ayudar a ver a las otras personas sin sentirnos más que nadie. Si pudiéramos modularlo un poquito para no sentirnos de menos, lograríamos tener relaciones sociales más humanas e igualitarias y nos veríamos ante los espejos de los demás con respeto y aprecio recíproco.

5.10 NO TENGO LA CULPA. ESTABA SUFRIENDO...

Demasiadas veces tendemos a culparnos tras la tentativa suicida. No somos conscientes de que es la redención lo que necesitamos. El sufrimiento era insostenible y perdimos el control de todo. El sentimiento de culpa está detrás de innumerables sufrimientos psicológicos. Expiamos la culpa desde el sacrificio y la penitencia, lo cual nos coloca en la vía del castigo y el sufrimiento. Por ello, prefiero hablar de responsabilidad en lugar de culpa y culpables.

La responsabilidad nos acerca más al camino de la consciencia y la reparación. Asumimos el daño causado, enfocando como objetivo sano la reparación. Pedir perdón con arrepentimiento, tras ser conscientes del error, nos acerca al encuentro y no a la venganza. Quiero analizar el sentimiento de culpa tóxica que provoca tanto sufrimiento psicológico a las personas. Dicho sentimiento nace de la manipulación afectiva y del chantaje emocional.

El miedo al abandono y el pánico a ser rechazados hacen que nos vayamos alejando de nuestra mirada limpia ante los avatares de la vida. Nos especializamos en lo que los demás quieren que seamos. Así, el perfeccionismo nos va cincelando hacia la persona ideal que tendríamos que ser. Este miedo al abandono nace del amor condicional y aprendemos a hacer lo que haga falta con tal de ser queridos, ya no sólo por la familia en la infancia. Lo mismo en los contextos sociales, donde los momentos de silencios rechazadores nos llevan a sentirnos excluidos en tareas y planes conjuntos.

La técnica comunicativa más utilizada para generar culpa tóxica es el doble mensaje. Dar dos informaciones a la vez y con significados opuestos. Imaginar una escena en la que tras una situación tensa preguntamos a quien nos acompaña: «¿Estás enfadado?». Y su contestación es que no pasa nada, pero notamos en su tono de voz y mirada lo contrario, ¿a qué hacemos caso? ¿Por qué no nos tranquiliza su respuesta? Porque en el fondo captamos la verdadera intención de su mensaje, aunque esté disfrazado con palabras huecas.

Así se va estructurando en nuestra personalidad el origen de la culpa tóxica. Estamos leyendo entre líneas porque en numerosas ocasiones nos sentíamos en deuda emocional. El miedo al rechazo hizo el resto. Como resultado caemos compulsivamente en la necesidad de aprobación, la complacencia constante y la mendicidad afectiva. Nos especializamos en caer bien y vamos atrofiándonos en la pureza y la autenticidad de nuestra mirada ante la vida.

El sufrimiento psicológico es una realidad en la que observamos acusación y falta de buen trato. Ejemplo clarísimo de la culpa tóxica lo podremos encontrar en las personas que sufren por la falta de salud mental. Siempre estamos hablando de la actitud y lo importante de poner de su parte para la recuperación. Va transcurriendo el tiempo en el que la persona sufre por un cuadro depresivo y su entorno claudica porque ya no sabe cómo ayudarle. Escuchamos mensajes de riña o reproche que no hacen sino agravar aún más el malestar de la persona sufriente. Revictimizamos al paciente y lo hacemos porque no comprendemos el dolor psicológico de igual manera que aceptamos el dolor físico en cualquier enfermedad diagnosticada.

El sufrimiento depresivo tiene el mismo derecho a ser atendido y entendido que el sufrimiento oncológico. El no hacerlo es una manera de culpar al paciente de su estado y lo dejamos solo ante el peligro del vacío sin fondo. El sufrimiento de la soledad no es contagioso y, por tanto, podemos caer en el error de acercarnos a quien es despreciado como si fuese alguien apestado de quien necesitamos alejarnos. Profesionales y sociedad tenemos una tarea pendiente al respecto de conocer e incentivar la salud mental en nuestra población.

No quiero olvidarme de la connotación sana de la culpa o responsabilidad como indicaba al principio. Sé que el sentimiento de culpa no tiene buena prensa porque nos conecta con la falta de libertad moral. Propongo pensar en la culpa como una especie de centinela o guardián de nuestro autocuidado. Un vigilante que nos avisa en los momentos en los que nos traicionamos en nuestras verdaderas opiniones. Una mirada incondicional que nos acaricia en las decisiones difíciles para elegirnos y no traicionarnos por miedo a ser abandonados en una relación tóxica. Somos como las cajas negras que rescatan de los aviones siniestrados. Tenemos el registro de nuestras vidas y, aun así, estamos dispuestos a darnos la mano, aunque nos hayamos dado la espalda gran parte de nuestra vida sin habernos dado la oportunidad de escucharnos en lo que verdaderamente queríamos. No tener culpa nos conduce a ser psicópatas y dañar al prójimo o a hacernos daño a nosotros mismos de innumerables maneras tóxicas. Pero la responsabilidad sana nos ayuda a no dañarnos y no dañar al resto de las personas.

Saber escucharnos en nuestra frecuencia modulada, guiados por la linterna vigilante que nos alumbra el camino sano, nos avisará de los riesgos de una relación perjudicial. Estar en contacto con nuestro centinela nos recordará la templanza en los excesos de la vida. Integrar en nuestra cotidianidad la culpa sana nos permitirá tomar conciencia del error cometido y pedir disculpas con elegancia y responsabilidad reparadora para hablarlo y estar atento en el futuro. Cuidarnos de forma genuina nos acerca aún más al cuidado humanista de las personas. Nuestra esencia como seres humanos reside en el dar y recibir, también a nosotros mismos.

5.11 COMPRENDO Y ME PERDONO

Para poder perdonar es condición necesaria el entender lo que ha ocurrido. La tentativa suicida es consecuencia de un *acting*, es decir, sentir y ejecutar sin previamente mentalizar el comportamiento. Analizaremos las causas de lo ocurrido para poder comprender el dolor mental intenso y sentirse atrapado, sin salida y en soledad. La evidencia de tal intensidad de angustia nos va a permitir perdonarnos. No quería morir, tan sólo quería dejar de sufrir y ya no podía más.

Comprenderse en primera persona tras entender con los profesionales de salud mental lo ocurrido es clave para que la persona se perdone y se haga responsable de la reparación. Perdonarse es la mejor medicina para cicatrizar la herida sufriente y evitar una recaída en forma de una nueva ideación suicida. El propio perdón es el más importante de todos, porque, aunque desde fuera se lo digan incesantemente, si internamente sigue la crítica y el desprecio despiadado continúa, será el castigo ante la imagen social y no el perdón el que prevalezca. La cadena perpetua se la pone la propia víctima del intento autolítico porque ni ha comprendido lo que ha ocurrido y menos aún perdonado.

Perdonarse significa trascender lo ocurrido para construir una mirada panorámica desde la que poder observar en perspectiva la situación. El perdón nos reconcilia con la empatía propia y nos libera del yugo del sacrificio constante. La mente nos puede llevar al análisis de aprender con lo sucedido y, extraída la lección necesaria, ya no tendremos que repetir curso psicológico. La persona se dice a sí misma que lo sucedido obedece a unas circunstancias muy concretas y al entenderlo será capaz de revertir el discurso acusador. La interpretación comprensiva que logre el análisis de las circunstancias será de ayuda para otorgarse el perdón.

En la vida estamos en constante aprendizaje y las experiencias límite son una lección esencial si sabemos extraer la lección correspondiente. La bondad no es una virtud sólo de ida; también es de vuelta tanto para recibirla, por parte de los demás, como para merecerla tras una situación autodevastadora. Tratarse con bondad en un momento tan crítico en la vida es sinónimo de buena recuperación y aprendizaje con nota del examen vital ya superado. Es dejar atrás una vida de calorías vacías, encontrando un alimento real y nutritivo. El perdón es la oportunidad para abrir otra puerta a la vida y soltar las cadenas que atrapan a las razones del pasado. La libertad viene de la mano del perdón interior.

5.12 SUJETO ACTIVO Y CONSTRUCCIÓN DEL NARRATIVA PROPIA

No debemos tratar a las víctimas como si fuesen tablas rasas o sujetos pasivos. Intentar inocular una interpretación masticada de la crisis sufrida no es la mejor forma de ayudar. Los seres humanos disponemos de una herramienta psicológica extraordinaria para cicatrizar heridas profundas. *Nuestra capacidad para imaginar y simbolizar es la medicina perfecta que necesitamos en la tarea de reconstruir significados de lo ocurrido.* Desde la escucha activa y el arte de saber preguntar colocaremos a la víctima en la consciencia de regenerar nuevo tejido psicoemocional. El vacío identitario tras la tentativa se volverá a encarnar desde dentro y no rellenándolo con frases hechas desde fuera. Por eso insisto tanto en el libro sobre la *soledad comunicativa*; estar dispuesto al acompañamiento en la reconstrucción de una narrativa de supervivencia tras el feroz ataque exige comprensión de los silencios y sincronización de los ritmos en el relato de la angustia existencial.

Ver a quien tenemos enfrente significa no imponerles nuestra interpretación. Si aconsejamos y dirigimos la rehabilitación de forma muy directiva no habremos entendido el sentido de la ayuda. Nos tenemos que aguantar la urgencia de que se den cuenta del riesgo, porque no hacerlo es sinónimo de nuestro propio miedo contagioso, falto de esperanza. Aunque nos gustaría darle la solución para que encontrase el sentido a su vida, el invadirle con nuestra verdad sólo consigue más dependencia e infantilismo. No creerá en sí mismo y el sentimiento de fracaso e impotencia inundará con más negrura el pozo de desesperanza en el que se encuentra sumergido. Para salir del agujero, necesitamos apelar a su imaginario y despertar la creencia de que habrá un futuro mejor. *Debemos preguntarle adecuadamente para que dibuje sus propias respuestas y de forma activa se ponga en marcha hacia el volver a intentar arriesgarse a vivir su propia vida.* Sostener la angustia e incertidumbre del futuro incierto necesita de hacer bocetos imaginarios en los que puedan salir del secuestro catastrofista. Evitar el uso de colores negros o marrones en los primeros trazos e intentar usar otros colores para ver qué pasa y cómo se sienten. No debemos caer en la tentación de hacerlo nosotros creyendo que será más efectivo y seguro; si lo hacemos, atrofiaremos los propios recursos de afrontamiento que tiene la persona y quedará a merced de soluciones externas.

La herida que queda tras un intento autolítico no se sutura controlando los síntomas con psicofármacos únicamente. La profundidad del dolor sufrido requiere de la reconstrucción activa por parte de la propia víctima. La relación terapéutica sostenida es el contexto sanador que va a permitir la buena elaboración del relato rehabilitado. Es de justicia que ofrezcamos ayuda terapéutica especializada que vaya más allá de una llamada por teléfono protocolaria. Algo ha pasado en la base de la estructura de personalidad y tenemos que revisar los planos de la casa para detectar posibles fisuras profundas que requieran una buena reestructuración y no sólo un parcheo para salir del paso.

El chequeo psicológico es urgente para que la casa identitaria no se derrumbe y acabe matando a nuestro protagonista. La tarea psicológica bien elaborada es la mejor fórmula para restablecer la confianza de la persona y su entorno. Saber que la fisura se ha detectado y saneado en su origen nos tranquilizará de la única forma posible en estos casos. No se trata de taparse los ojos y seguir adelante con un buen lavado de cara solamente. Aprender de lo sucedido entendiendo cómo afrontarlo coloca al paciente en el mejor escenario posible, incluso mejor que antes de la tentativa suicida. Se ha dado la oportunidad de comprobar una lesión estructural que no había dado señales de peligro con anterioridad porque no se había elevado tanto la temperatura vital. Ahora, gracias a la crisis, se ha podido reforzar la estructura de personalidad.

CONCLUSIONES

Conocer la estructura básica de personalidad nos ayudará a saber cuáles son los planos de la casa en caso de tener que realizar cualquier intervención psicológica. He intentado explicar la forma en la que se va gestando la propia identidad y el concepto de quien somos en realidad. Las tentaciones de comparación con los demás y el imitar otras identidades con la intención de encarnar una identidad idealizada e inalcanzable que lleva a la insatisfacción constante. La inseguridad y la falta de confianza llevan a la persona a la complacencia y a la necesidad de reconocimiento compulsivo. Agradar para no ser rechazado y someterse para no ser abandonado son como los falsos cimientos que acabarán derrumbando el edificio identitario.

Aprender a tolerar las frustraciones inherentes a la vida y saber posponer el placer rescatan a las jóvenes personas de caer en la esclavitud de la inmediatez impulsiva. El manejo de los silencios y las pausas es una asignatura pendiente que tenemos como sociedad y que intentaré desgranar más adelante.

Menciono algunos indicadores de riesgo ante la ideación suicida, como son:

1. El sufrimiento intenso y continuo, a menudo invisible y devastador.

2. La falta de esperanza y sentirse atrapado, con ideación catastrofista de futuro.

3. Soledad relacional; la persona se siente sola y sin pertenencia a ningún grupo o colectivo con el que identificarse o ser admitido.

4. Rumiación de problemas sin poderlos compartir; guardarse el malestar y no saber pedir ayuda en cuestiones menores.

5. Falta de propósitos vitales u objetivos a corto plazo: no encontrar rutinas para el día a día que estructuren la agenda semanal con armonía y buenos hábitos.

6. Pérdidas irreversibles no resueltas. Los duelos traumáticos requieren de atención psicológica especializada.

7. Instinto de supervivencia estropeado en cuestiones cotidianas. La falta de recursos básicos para gestionar conflictos emocionales menores.

He intentado reivindicar más a la persona que somos de forma auténtica, en lugar de enmascararnos en el personaje que pretenden que seamos para ser aceptados o el que tendríamos que ser de forma perfeccionista para ser valorados. El reto es ser uno mismo volviendo al origen con elegancia y autenticidad, en lugar de perseguir un ideal del yo dictatorial y de plástico. Por ello, el culto a la imagen y la intensidad son enemigos que vigilar en la adolescencia.

Tras la ideación suicida, es parte importante de la recuperación mirarse con respeto y empatía, en lugar de culparse y avergonzarse de lo ocurrido. Comprendernos para podernos perdonar y liberarnos así del sacrificio social que supone etiquetarnos injustamente. La terapia psicológica con buenos profesionales será la clave para reconstruir significados de forma activa y conseguir una narrativa saneada que cicatrice el horror del trauma vivido en silencio.

Desarrollo el concepto de «egocidio» como alternativa de urgencia al suicidio. En la situación extrema de abandonar la vida porque ya no se puede vivir así existe la opción de tirar la máscara y dar una oportunidad a la persona vulnerable que pide ser insumiso de la dictadura del ego. Aunque asumir las consecuencias de abandonar el personaje sean muy complicadas, las agujetas vivenciales de volver a la casa interior traerán un mejor tono y satisfacción vital. Podemos elegir vivir una segunda vida dentro de la propia vida, cuando decidimos ser nosotros mismos.

6. A VECES NO LLEGAMOS A TIEMPO Y COMIENZA EL CAMINO DEL DUELO

Pensar que la muerte por suicidio se puede prevenir en el cien por cien de los casos es, además de un error, un ataque directo al entorno de la persona fallecida. Iniciar planes de prevención para intentar disminuir la incidencia del suicidio no debe confundirnos con el linchamiento moral de unas familias y un entorno también sufriente. Es urgente hablar del suicidio para visibilizar las muertes silenciadas y auxiliar a las víctimas de ideación suicida. Es necesario romper la idea honorable de que el suicidio es una opción libre, porque es más honroso saber pedir ayuda. Pero también es verdad que seguirá existiendo un porcentaje de personas que terminen muriendo por suicidio, al igual que ocurre con otras muertes. Insisto en cuidar nuestro discurso preventivo para no hacer más daño aún al entorno que sufre la muerte de su ser querido. Es de justicia dar el pésame en dichas muertes porque merecen la dignidad de toda una comunidad que a veces ha mirado a otro lado por no saber cómo actuar. Dignifiquemos las muertes por suicidio con la misma humanidad que los demás fallecimientos y dejemos descansar en paz a los ausentes sin analizar las causas permanentemente y creer que se podría haber evitado. Honremos a los fallecidos y a sus seres queridos, demostrando que hemos madurado como sociedad empática ante las muertes ocultadas.

La noticia de la muerte de un hijo es siempre traumática, sin valorar la manera en la que ha ocurrido. El impacto de la pérdida irreversible golpea los cimientos de la existencia, poniendo en riesgo la vida misma. Es entrar a otra dimensión y dejar de estar en la cotidianidad conocida hasta entonces. Todo es diferente y la percepción vital se impregna de angustia. La incredulidad se adueña de cada día y el dolor mental es también físico. Las emociones son tan intensas que se desbordan e inundan la armonía anterior. La nostalgia del paraíso perdido se instala para siempre, y aprender a modularlo es una tarea muy complicada, aunque sí posible.

Los procesos de duelo en las muertes por suicidio requieren de ayuda profesional para valorar inicialmente la necesidad de refuerzo terapéutico por riesgos de complejidad psicológica. La posvención irá encaminada al rescate de la familia y su entorno social. La valoración profesional no debería ser opcional y sí integrada en el primer abordaje sanitario. Los dolientes no entienden lo que ha ocurrido y están disociados de la realidad, por tanto, no saben lo que necesitan y no pueden decidir sobre la necesidad de valoración psicológica experta. Es importante hacerlo desde el inicio para evitar complicaciones que se puedan dar en la fase de ajuste traumático.

El entorno social y académico no debe hacer como si nada hubiese pasado creyendo que así el tratamiento que se da al trauma es más discreto. Cubrir con normalidad anormal la realidad traumática no tapa la herida, y mucho menos se sana socialmente. La omisión de los cuidados verbales y los rituales sociales para dignificar las muertes por suicidio es un criterio maleficiente desde un punto de vista bioético.

Necesitan ser orientados adecuadamente porque no quieren hacer más daño y es por ello por lo que omiten la intervención. Los profesionales de salud mental debemos incluir la adecuada inclusión de estos sectores para conseguir una posvención integral dentro de la comunidad afectada por el trauma de la muerte violenta. El desconocimiento y el miedo a no agrandar la herida son indicadores que delatan la necesidad de recibir ayuda psicológica. No podemos dejar a criterio personal la iniciativa propia de las primeras intervenciones del entorno, porque necesitan, además de unas pautas, contención psicológica por el efecto mediático de este tipo de muertes.

El tratamiento que se da en los medios de comunicación ante las muertes por suicidio visibiliza el cambio de tendencia al respecto. De no mencionarlo por temor al efecto llamada, se ha pasado a considerarlo en el momento inicial del impacto emocional, añadiendo incluso datos estadísticos sobre la mortalidad por suicidio. Ojalá se ofrezcan conclusiones sobre la investigación en prevención y tratamiento de la lacra social que supone el suicidio, en lugar de quedarnos sólo en la fase de impacto sensibilizador. La esperanza de los cuidados psicológicos ante el sufrimiento mental son la mejor manera de abordar el tema del suicidio desde los medios de comunicación.

Voy a centrarme en el sufrimiento de las familias durante el proceso de duelo tras muerte por suicidio y pondré voz en primera persona. Intentaré transmitir el dolor indecible que he conocido demasiadas veces en diferentes familias, destrozadas por uno de los peores escenarios que podamos imaginar cualquiera de nosotros. La realidad supera la ficción. Sin embargo, existe esperanza para aprender a vivir tras semejante trauma y aún guardo en mi memoria, archivados en un lugar especial, los nombres de personas que para mí son los verdaderos referentes de levantarse ante la adversidad en la vida.

6.1 MUCHO RUIDO Y POCO ALIVIO

Las noticias de la tragedia vuelan y no hay rincón del pueblo en el que no se hable de lo ocurrido. Las conclusiones y las habladurías marcan la tendencia hacia la rumorología popular con más o menos curiosidad cotilla. No estamos equivocados cuando sentimos que nos miran y hablan de nosotros. Durante una temporada va a ser así y tenemos que acostumbrarnos. Oscilamos entre los encuentros con personas que nos evitan y no nos dicen nada, y las personas que nos aconsejan sin haberles preguntado nada. Ya sabemos que no es fácil acertar en cómo actuar, pero al menos pedimos que no insistan si perciben que nos hace daño sacar el tema. De vez en cuando conocemos a otras familias que han pasado por la misma situación y nos entendemos, aunque no siempre es así. En ocasiones percibimos que nos hace más mal que bien. Buscamos algo de alivio y comprensión, pero, sobre todo, esperanza para que todo esto sea más llevadero, aunque ahora no lo veamos posible.

Nos parece increíble que se haya podido ir de esta forma y que ya no vayamos a verlo nunca más. No nos podemos quitar de la cabeza lo que ha tenido que sufrir para llegar a morir así. No entendemos cómo no nos hemos dado cuenta de nada. Rebuscamos entre todas sus cosas y no encontramos ninguna pista. La policía nos pregunta lo que no sabemos contestar y se llevan su ordena-

dor junto a su móvil para investigar sobre las causas de lo ocurrido. Todo esto no puede estar pasando, seguro que es una pesadilla y despertaremos por la mañana. Preguntamos a su entorno por si sabían algo y nadie entiende nada. La cabeza no para de buscar razones y analizamos cualquier detalle hasta llegar a la obsesión. No encontramos descanso y cada vez tenemos más ruido en medio de un silencio sepulcral. Ya nada es igual y no sabemos si podrá llegar a ser algo de alguna forma posible. No podemos hablar en casa y cada cual lo lleva como puede. Nuestro otro hijo se mete en su cuarto y apenas nos atrevemos a mencionar el tema porque nos rompemos en la angustia.

Odiamos que nos miren con pena y compasión, aunque entendemos que lo hagan porque hacíamos lo mismo antes de que nos ocurriera a nosotros. Nos sentimos aún más desgraciados y por eso preferimos salir a lugares donde no nos conozca nadie. No podemos dormir y apenas nos entra la comida. No estamos en paz ni un instante y esto es insoportable. Odiamos que nos digan que estemos tranquilos y que saben lo que estamos pasando. No tienen ni idea y las palabras huecas para salir del paso no nos consuelan. Nos dicen muchas cosas que son más para quedarse ellos tranquilos que para ayudarnos. Vemos que cada uno en casa llevamos ritmos diferentes y será mejor que pidamos ayuda psicológica para estar juntos llevando todo esto. Cada día se hace un mundo y parece que el reloj se ha detenido. No entendemos cómo todo sigue como si no hubiese pasado nada y nos choca ver a la gente sonreír o hacer sus planes. Sabemos que somos nosotros los que estamos mal y que es normal que la vida siga para los demás, como antes lo hacíamos con naturalidad. Nos sentimos fuera de todo y no acertamos en nada.

¿Pero cómo vamos a aceptar que nuestro hijo se nos ha ido de esta forma para siempre? Esto es peor que una película de terror porque nunca se va a acabar y no encontramos consuelo en *ninguna parte. Miramos la ría marrón por la fuerte tormenta de la semana pasada; aún aparecen troncos, barro y todo está muy revuelto. Imaginamos el color verde que tiene la ría cuando vuelve la calma; no sabemos si semejante tragedia permitirá que el dolor inmenso repose en el fondo de nuestros corazones y si nos permitirá adaptarnos a una vida ya diferente para siempre. Esperamos que el pedir ayuda nos sirva para algo y nos ayude a sobrellevar tanto dolor.*

6.2 ¿APRENDER A VIVIR CON ESTO?

Nos toca aprender a vivir con la amputación de una parte de nuestra alma. No hay prótesis de hijo que valga y pasaremos de ser una silla de cuatro patas a reconstruir un taburete de tres patas para poder descansar. La teoría nos ayudará a saber hacia dónde encaminar nuestros esfuerzos, pero la vivencia compartida en familia nos dará sentido al nuevo mapa de la familia.

No nos resulta fácil emocionarnos en las sesiones de terapia familiar. Tenemos miedo de hacernos daño si mostramos con crudeza nuestra angustia, pero también entendemos que estamos en lugar seguro. Se nos orienta hacia el compartir emociones y aprender a traducirlo en palabras para construir un relato sostenible. Necesitamos hacer la digestión de semejante llenazo y sus pautas nos ayudarán a colocar el muñón del alma en un lugar sostenible. Tenemos que hacer sitio a lo que nos ha ocurrido porque bastante se ha llevado ya la muerte como para regalar también nuestra propia vida. Aunque ya no lo volvamos a ver, sí podemos rescatar todo lo vivido hasta su muerte y ser portavoces de su paso por nuestras vidas. Queremos trabajar para que el dolor de su muerte no eclipse la alegría de lo vivido juntos. Aprendemos a adaptarnos a una dolorosa reali-

dad no elegida, pero que tampoco podemos elegir rechazarla. No es negociable volver atrás en la máquina del tiempo y revertir la situación. Desgraciadamente no se puede cambiar, aunque hagamos el mayor de los sacrificios imaginables. No funciona así, no encontraremos el milagro por más que nos empeñemos en entregar nuestra propia vida a cambio. A lo sumo, lo que vamos a conseguir es empeorar aún más la situación para los que permanecemos vivos en la familia. ¿Pero por qué nos ha tenido que suceder esto?

Necesitaremos tiempo para poder hablar de nuestro hijo sin que nos paralice la angustia y se nos bloquee la mente. El paso de los días no mitiga nuestro dolor. ¡Esperemos que la intensidad sea más soportable y que la frecuencia de las crisis de angustia sea más espaciada! Si al menos logramos que en cada bajón, logremos levantarnos un poco antes y nos quedemos bloqueados, sentiremos que vamos avanzando. No podemos dejar de pensar en su pérdida irreversible y los pensamientos obsesivos nos arrastran una y otra vez al laberinto infinito en el que nunca lo encontramos. No vemos la salida porque no la hay. Cuanto antes optemos por aceptar su muerte, más llevadera nos resultará la vida. Ahora con sobrevivir nos conformamos; la supervivencia nos centra en cada día porque cada mañana es un inmenso dolor al comprobar que todo es verdad. Nos miramos a la cara e intentamos disimular nuestro dolor para no recordarles el sufrimiento encubierto. Abrir el grifo del llanto es inevitable, pero volver a cerrarlo se nos hace cada vez más cuesta arriba.

Antes queríamos ver fotos y ahora nos duele verlas. Aún no podemos poner el vídeo de vacaciones porque no soportamos escuchar su voz. No podemos entrar en su habitación y sus cosas están intactas, como si estuviésemos esperando su vuelta sin tocar absolutamente nada suyo. Sus ropas desprenden aún su olor; es una manera de seguir juntos y sentirnos muy cerca de su esencia.

Sentimos que la intensidad de la emoción es lo que más se acerca al reencuentro con nuestro hijo. Nos duele y a la vez lo buscamos porque es como si no lo perdiéramos del todo.

Nuestro corazón está inundado por el sentimiento de culpa. Nos acusamos por no haber podido hacer nada para salvarle. Volvemos compulsivamente a reconstruir un pasado en el que evitamos lo ocurrido. Cambiamos mil y una veces los fotogramas de su vida, aquellos que interpretamos como dolorosos o lesivos. Nos martirizamos por sentirnos fracasados como familia y pensamos que podíamos haber hecho algo para evitar la tragedia. Nunca pensamos que nos va a ocurrir en nuestra familia hasta que ocurre. Tendríamos que haber estado más tiempo a su lado, quizás fuimos demasiado exigentes y no entendíamos su frustración. Siempre llegamos a la conclusión de haber fallado en algo y eso nos tortura para toda la vida. ¡Es en balde! Tendremos que aprender a vivir con lo ocurrido y aprender con humildad lo que significa aceptar lo irreversible. Tenemos que aprender a perdonarnos porque nunca quisimos hacer daño intencionadamente a nuestro hijo. Ahora que ya no es posible ayudarlo, es de justicia despedirlo sin culparlo por lo ocurrido. No queremos caer en el reproche ni quedarnos en el enfado; es hora de decirle adiós recordando lo mucho que lo queremos, además de agradecer todo lo vivido a su lado. Contigo hemos aprendido algo maravilloso que nunca se nos olvidará y nadie nos podrá arrebatar. Necesitamos el arrope y la comprensión de la comunidad porque nos sentimos culpables y avergonzados. Bastante cruel nos resulta la pérdida de nuestro hijo como para cargar también con el juicio moral de la gente. Somos responsables de lo que hacemos ahora con nuestra vida y debemos sacar la familia adelante si no queremos enfermar. Nos dejaremos ayudar por profesionales para que nos orienten hacia el camino de la rehabilitación.

6.3 PREGUNTAS SIN RESPUESTAS Y AUTOPSIA PSICOLÓGICA

No encontramos respuestas a los porqués. Buscamos incesantemente alguna pista que nos ayude a comprender lo sucedido y nadie nos da respuestas convincentes. Todo son especulaciones sobre nada cierto. La mayoría de las interpretaciones se orientan al sufrimiento psicológico como origen de la muerte. Durante el rastreo de preguntas para verificar la autopsia psicológica nos sentimos aún más culpables y señalados por no haber identificado el riesgo de la situación. No habíamos notado nada tan alarmante porque de haber sido así hubiésemos ido a urgencias.

Conocemos casos de amigos en los que, al pedir ayuda por el malestar de sus hijos y acudir a los servicios sanitarios, se han sentido que estaban exagerando ante el sufrimiento cotidiano de una separación con su pareja. Nos dicen que estamos sobreprotegiendo a nuestros hijos y que tienen que aprender a tolerar las frustraciones de la vida, pero ¿cómo saber cuándo pedir ayuda? Desde luego que preferimos parecer una familia pesada e insistir para que valoren el dolor mental, al igual que hacen con un catarro mantenido en los días. Nos arrepentimos de no haber hecho algo más, porque estábamos inmersos en nuestro estrés cotidiano.

Recordamos su alegría y nos entristece saber que ya no volveremos a verlo sonreír. Fue muy duro recibir la noticia de la policía para informarnos de lo sucedido. Aún recuerdo cuando preguntaron por su nombre y si era su domicilio. Algo extraño presentíamos al no recibir ninguna respuesta y pidiéndonos que nos personáramos en el lugar indicado. Pensamos que estaría herido y que habría tenido un accidente; no imaginábamos ni por lo más remoto el infierno que nos íbamos a encontrar. No podemos olvidar su cuerpo cubierto en el suelo y la sensación al comprobar que era nuestro hijo la persona a identificar. Sólo queríamos abrazarlo y no nos importaba el estado en el que se encontraba. Las palabras de la médico forense que nos atendió las recuerdo vagamente, pero sí recordamos el tono humano y el trato empático en el que nos ofreció su ayuda para que la pudiésemos llamar o preguntarle cualquier cosa más que quisiéramos saber. Todo era confuso y ocurrió tan rápido que no podíamos procesar nada.

Al llegar a casa nos daba mucha vergüenza salir a la calle y evitábamos juntarnos con gente conocida. Seguro que nuestro hijo también sentía vergüenza por lo que estaba pasando y no se atrevía a contárnoslo ni pedir ayuda a nadie. El sentimiento de culpa y la vergüenza nos está obsesionando hasta el punto de sentirnos paralizados. Pensar y más pensar para no padecer, pero no funciona, porque siempre llegamos al mismo final trágico. ¡No hay salida posible! ¡Necesitamos ayuda profesional que nos rescate de este sinsentido! Nos metemos en la cama pidiendo soñar y tener al menos una señal que nos alivie. Al contrario, tenemos pesadillas raras y no podemos descansar mínimamente. Nos estamos llenando de miedo e inseguridad; es un dolor en el pecho muy agudo y nos cuesta respirar.

Los trámites legales y el papeleo añaden más dolor al que ya sufrimos. La burocracia administrativa es algo que no imaginamos hasta estar en estas situaciones. Vueltas al juzgado, policía y pedir documentación repetidamente. Hemos contado decenas de veces lo ocurrido a personas diferentes y no se dan cuenta de que cada vez es una puñalada más en la herida abierta. Nos preguntamos si no se podría coordinar toda la tramitación para pedirla una vez y no duplicarla tantas veces. Aunque hayamos delegado los trámites, siempre hay alguna firma o recogida de objetos que no pueden hacer por nosotros.

Tenemos las cenizas en casa hasta que decidamos el lugar donde esparcirlas; queremos elegir bien el sitio que le hubiese gustado y ahora no estamos preparados para desprendernos de sus restos. Sus cosas son lo único que nos queda y aún no podemos desprendernos de nada. El desapego es algo muy teórico para lo que no estamos preparados todavía. El vacío que sentimos es tan grande que no lo podemos calmar con nada y nos engulle hacia el abismo. Pasan las semanas y aún creemos verle entre la gente o escuchamos el ascensor pensando que abrirá la puerta de casa. Esto es increíble y no ha podido pasar. Vivir con esta muerte nos cuesta la vida y no podemos seguir adelante. No sabemos si algún día podremos, pero estamos conociendo a otras personas que han podido. Por tanto, vamos a darnos una oportunidad y nos dejaremos ayudar para lograrlo.

6.4 HAY ESPERANZA PORQUE CONOCEMOS A PERSONAS QUE LO HAN LOGRADO

Nos alivia conocer a otras familias que han aprendido a vivir con tamaña pérdida. Tenemos esperanza para lograrlo porque comprendemos que es posible conseguirlo. La certeza de comprobar como oímos hablar de sus hijos, tras la muerte por suicidio, con palabras emotivas pero serenas nos permite confiar en que también nosotros lo conseguiremos.

Todavía recuerdo el primer día en que fuimos a terapia en familia. Pensábamos que no nos podrían decir nada que nos salvara de tanta angustia. Fuimos un poco convencidos por el médico y nuestras familias. Pronto descubrimos que era un lugar donde no necesitábamos fingir y podríamos expresarnos incondicionalmente. Nos costaba hablar de lo que sentíamos porque nos cortaba el llanto intenso. Ver a nuestro hijo llorar con nosotros la muerte de su hermano fue tan doloroso como de ayuda al mismo tiempo para nosotros. Escucharlo decir que se sentía tam-

bién huérfano de nosotros cuando más nos necesitaba nos ayudó a entender que no deberíamos desatenderlo.

Nos rompíamos y era el terapeuta quien nos sostenía dándonos seguridad con sus palabras y mirada empática. Los primeros ejercicios nos resultaban difíciles a nivel emocional, pero confiábamos en que serían de alivio una vez realizados. Era como el Betadine para desinfectar la herida emocional y el picor era dolor intenso.

Costó tiempo transformar la angustia inicial y las preguntas sin respuesta, en anhelo o nostalgia triste. En el camino nos perdíamos en la culpa y la negación de lo ocurrido porque no queríamos creerlo. Oscilábamos entre no parar de hacer cosas de forma hiperactiva a quedarnos en la cama sin querer abrir las persianas. Cuando parecía que íbamos mejor, nos venía un bajón sin entender el motivo. Nos ayudaron a entender que el camino del duelo no es lineal, sino que es en movimiento elíptico, nos movemos con caídas y levantamientos en un desierto en el que no hay señales ni pisadas que seguir. Sólo tenemos nuestra vida y las vivencias acumuladas hasta ahora serán la cantimplora que nos salve de la muerte psicológica.

Tememos que lleguen las fechas significativas. Su cumpleaños, la Navidad o el tiempo de vacaciones son una sirena insufrible que nos recuerda su ausencia para siempre. También es verdad que lo pasamos peor antes de la fecha que el propio día y aprendemos a levantarnos tras los días marcados en el calendario.

Difícil ha sido el venir juntos a terapia porque no lo veíamos igualmente necesario. Damos gracias al hecho de haberlo hecho juntos porque así todos sabemos cómo nos encontramos realmente y sin disimulos. Hablar de nosotros mismos no está siendo fácil, pero para eso nos están ayudando mucho y cada vez nos resulta menos complicado. Nunca hubiésemos imaginado que nos fuéramos a emocionar tanto con una persona desconocida. Ahora *entendemos que son profesionales preparados para ello y que saben cómo tratarnos, aunque no hayan pasado por la misma situación. Están para nosotros y no por propia experiencia, sino por honestidad profesional. Sentimos que les importa nuestra situación y se esmeran para que cuidemos nuestro dolor. No queremos caer enfermos y confiamos en sus directrices para reinsertarnos a la vida.*

Ahora que podemos hablar de lo ocurrido con más serenidad, somos conscientes del camino recorrido hasta aquí y entendemos que sin ayuda no hubiese sido posible. Necesitamos revertir en la ayuda hacia otras familias todo lo aprendido para poder ayudarlos y sentirnos bien al hacerlo. Es como si al ayudar nos redimiéramos un poquito de toda aquella sensación de culpa que sentíamos al principio. Sabemos que es posible vivir con algo así y queremos ser referentes de confianza para otras familias que se encuentren en situaciones similares. Mostrar que más sacrificio y renuncia a la alegría no significa querer de forma más intensa a nuestro ser querido. Tenemos que romper la asociación del castigo y el sacrificio para redimirnos de la pena por perder a nuestro hijo, porque sería un error que el mundo lo asociará con la forma en la que murió. Queremos que se lo recuerde con todo lo que fue su vida y para eso somos nosotros los portavoces de cómo lo recordarán en el futuro.

Vamos a despedirle con respeto y dignidad; dejémosle morir en paz sin hurgar más en su tumba con preguntas invasivas o cuestiones irrespetuosas. Colocaremos su foto de familia en el lugar que merece, pero no en solitario, porque el resto también pertenece a la foto familiar. No queremos hacer un mausoleo intocable de su figura porque preferimos incluirlo en nuestra familia real, repleta de anécdotas compartidas conjuntamente. Queremos ser capaces de hablar de nuestro hijo honrando su vida y no maldiciendo su muerte. Dejarle partir se ha convertido en una nueva forma de quererle sin tanto dolor. No queremos enfermar o caer en un trastorno psicológico. Nos abrimos a seguir viviendo de la mejor manera posible y pidiendo ayuda especializada nos responsabilizamos de nuestro bienestar.

6.5 IDEACIÓN SUICIDA Y CUIDADOS PALIATIVOS

Quiero mencionar un tipo de muerte por suicidio anunciado reiterativamente en el que se plantea el cuidado paliativo hasta el final. Quizás estamos más acostumbrados a asociar los cuidados paliativos a enfermedades orgánicas e incurables. Valoramos como algo digno el acompañamiento paliativo aceptando la no curación. Lo hacemos con empatía y humanidad porque no hacemos responsable de la enfermedad al paciente y tampoco fantaseamos con su curación.

Existen algunas enfermedades mentales graves que merecen el mismo trato por parte de la sociedad y los equipos sanitarios. En ocasiones, el acompañamiento digno es tan necesario en dichas dolencias como en el resto de las enfermedades englobadas en la filosofía de los cuidados paliativos. No me refiero a la eutanasia, porque tampoco es la filosofía paliativa, como no lo es la sedación paliativa. El acompañamiento a estas familias es un tema tabú que sufre el rechazo social y la incomprensión sanitaria. Tendríamos que actuar de forma solidaria y compasiva con las familias que sufren este tipo de sufrimiento incurable. Al igual que hay cánceres en fases avanzadas que despiertan nuestra comprensión digna en el adiós, tendríamos que hacer una examen de conciencia en las enfermedades mentales graves en fase muy avanzada.

Nunca olvidaré a una familia que perdió a su hija de quince años tras muerte por suicidio después de varios intentos fallidos. Estaba diagnosticada de esquizofrenia y era la novena vez que lo intentaba, hasta que se precipitó al vacío de forma clandestina. Su madre me comentó, al tiempo, en una de las sesiones, la siguiente frase: «Quizás pienses que soy una mala madre, pero pienso que al final ha descansado y nosotros hemos acabado aceptando su final digno».

¿Acaso estas familias tienen que ser abandonadas por toda la comunidad cuando más lo necesitan? *Si hablamos de una política puntera en el desarrollo de los cuidados paliativos, no podemos olvidarnos de las enfermedades mentales. Negarlo genera más dolor aún a las familias que se sienten ignoradas e incomprendidas como seres humanos.* Es justo que apoyemos a las personas que necesitan morir con dignidad sea su dolencia de origen físico o psíquico. En nuestras manos está humanizar el sufrimiento de tantas familias que quedan atrapadas en sentimientos de culpa estériles, además de quedar a merced de la indiferencia social. Esto difícilmente ocurriría si la orientación sanitaria adecuada ofreciera unos cuidados paliativos de calidad humana y comprensión profesional.

CONCLUSIONES

El proceso de duelo tras la muerte por suicidio de algún hijo es un indicador de riesgo hacia un duelo complicado. Requiere, por tanto, de un chequeo psicológico temprano para valorar otros factores de personalidad que puedan ayudar a realizar un diagnóstico a tiempo. El pronóstico de los duelos complicados mejora significativamente cuando la ayuda psicológica se recibe inicialmente.

El sentimiento de culpa y la vergüenza por el estigma social que suponen este tipo de muertes complican más el duelo familiar. Los supervivientes familiares se hacen muchas preguntas sin respuesta, obsesionándose con autopsias psicológicas interminables. Tratar a la familia en un espacio terapéutico conjunto es adecuado y beneficioso para todo el sistema familiar.

El tratamiento psicológico se encamina a disminuir la culpa y la vergüenza, a tratar la obsesión como un mecanismo funcional que pretende comprender la incredulidad de la muerte, a modular el miedo y la inseguridad para recuperar la percepción de control en la vida cotidiana, a recuperar contacto social e intentar ser más «goretex» (resbalan los comentarios externos) y menos «esponja» (absorber los rumores de la calle), a armonizar el cuidado del cuerpo, construir rutinas diarias y reconstruir significados de lo ocurrido para recordar al ser querido con agradecimiento.

En definitiva, comprender lo ocurrido y perdonar el modo elegido de morir perdonándose por no haberlo podido evitar permitirá sentir gratitud por muchas vivencias pasadas y recuperar todo el cariño que, aunque en principio sea asociado a dolor intenso, con el trabajo terapéutico se convertirá en nostalgia tierna y amorosa. Decirle adiós al hijo fallecido es parte de un proceso complicado que pide a gritos honrar y dignificar también su muerte sin marginarla en el estigma del tabú eterno de las muertes silenciadas. Dar el lugar que se merecen a los hijos que han muerto por suicidio es resucitar toda la vida anterior sin eclipsarla de forma permanente, porque todos los momentos en los que jugaban juntos en la infancia fueron muy de verdad y merecedores de recordarlos en el futuro.

También hago mención especial a los cuidados paliativos en las enfermedades mentales graves y el acompañamiento a las familias y los enfermos hacia una muerte digna, al igual que hacemos con otras enfermedades incurables.

RELATO

Conocí a sus padres el mismo mes que su hijo se había precipitado desde el balcón de casa cayendo al vacío. Vinieron en pareja y los invité a que incorporásemos a nuestras sesiones a su otro hijo mayor, como así fue. El padre fue quien vio el cuerpo tendido en el suelo y aquella imagen lo inundaba de angustia. También se hizo cargo de muchos trámites administrativos en torno a la defunción, pero no era muy partidario de venir a terapia y vino más de acompañante que de participante. Pronto cambió su actitud en las sesiones y entró a colaborar en los diferentes ejercicios que les pedía. La madre estaba asustada de lo que sentía y temía perder el control ante semejante dolor. El hijo intentaba respetar la muerte de su hermano argumentando que llevaba tiempo sufriendo y que tenían que respetar su muerte, a la vez que mostraba síntomas hipocondríacos.

El objetivo terapéutico era construir una comunicación emocional en sintonía para dotar a la familia de una narrativa compartida e integrativa. Reconstruir la familia de tres miembros haciendo sitio al fallecido como una música de fondo sin ruido angustioso para poder seguir viviendo era el reto que conseguir. Lograr que el recuerdo del hijo fuese una visita al pasado pla-

gado de anécdotas sin perecer en la angustia era un objetivo que parecía inalcanzable o algo bonito pero utópico.

Ver fotos los conectaba con el dolor y aún no se sentían preparados para visionar los vídeos. Nos veíamos muy temprano y hacían un viaje de una hora cada semana para llegar a la cita. Los silencios iniciales entremezclados con congoja dieron paso a palabras moduladas y escucha serena, sin interrumpir sobreprotegiendo el discurso del otro. Pronto aprendieron a confiar en abandonarse a lo que sentían para poder asimilar el empacho que les había generado el trauma de la muerte de su hijo por suicidio.

Encontrar en la calle a los amigos del hijo fallecido les removía las entrañas, pero también los ayudaba comprobar que se acordaban de él. Un día la madre me comentó que alguien del pueblo en un encuentro casual le comentó con voz de pena: «Lo tenéis muy complicado porque que se te mate un hijo tiene que ser lo peor». Ella se giró y, en lugar de aseverar o llorar, le contestó: «Oye, maja, mi hijo se ha muerto y no me avergüenzo de él, así es que ten más respeto por su memoria». Intentar seguir con las rutinas de vida era muy difícil y a la vez los aliviaba. Encontrar el equilibrio entre conectar emocionalmente con lo sucedido y protegerse de tanta intensidad pudiendo pensar en otras cosas fue la receta más importante de todo el tratamiento.

Tras una primera fase de trabajo bajo encuadre familiar, variamos el formato y propuse al hijo integrarse en un grupo terapéutico. Mientras tanto, veía a los padres de forma más espaciadamente. Dicho grupo sirvió de ayuda para identificarse con otras personas que también habían perdido a hermanos por suicidio. Construimos un espacio con lenguaje común en el que los ecos emocionales y las resonancias de los relatos compartidos fueron curativos. El código comunicativo entre iguales facilitó la indagación del miedo y el sentimiento de pertenencia permitió reestablecer la sonrisa sin creer que por ello estaban ofendiendo a los hermanos ausentes.

Con la madre, el trabajo lo continué en otro grupo terapéutico en el que se pudo encontrar con dos mujeres que eran supervivientes de sendas tentativas de suicidio. Nos llevó tiempo cohesionar el grupo terapéutico heterogéneo y cerrado. Todas las personas eran mis pacientes y conocía sus relatos pero no se conocían entre sí. Nadie más se incorporó al grupo una vez iniciado, lo cual facilitó la cohesión e intimidad necesarias para profundizar en la rehabilitación psicológica. El espejo de la madre ayudó a entender en primera persona el dolor de los supervivientes tras una muerte por suicidio. También la recuperación del pozo depresivo de las otras personas que habían claudicado ante el dolor de vivir permitió que la madre diese sentido y esperanza a seguir viviendo su vida. Siempre digo que el verdadero indicador de un duelo saneado es ver que la herida cicatrizada lleva al doliente a revertir su aprendizaje en beneficio de la comunidad.

El padre seguía con sus rutinas de piscina y charlaba con algún amigo de su guardia pretoriana de la amistad incondicional. Aunque no nos viéramos asiduamente, él sabía que estaba ayudando a su familia y podía disponer de mi ayuda a la carta y no a menú impuesto. Para él era muy importante ver a su familia bien y cuidada. Hablaba de él con los ojos enrojecidos, pero me encantaba cuando se refería a su hijo fallecido diciendo que era un «cabezón» de la forma más tierna que un padre sabe decir «te quiero». Tenemos que aprender a decodificar el código comunicativo que cada cual tiene a la hora de expresar emociones.

Recuerdo una tierna anécdota en que la madre me contaba que de pequeños habían ido a París de vacaciones. Los hijos eran pequeñitos y el fallecido tenía unas ganas de mear inaguantables. Estaban en plenos Campos Elíseos y no encontraban ningún baño para aliviarle. No hubo más remedio que cogerle en *brazos y acercarse a una maceta gigante que había en la acera para que meara allí. La cuestión es que hace unos meses volvieron de viaje a París sin él y me mandó una foto paseando por los Campos Elíseos. Yo le contesté diciéndole que menudos jardines más majos había por allí para echar una meadita… La carcajada posterior y conjunta mostraba que el camino del recuerdo agradecido a su hijo empezaba a verse de forma natural.*

Perder un ser querido en una muerte por suicidio, como le sucedió a la mencionada familia, es una tragedia que se puede integrar de forma sana, sin caer en un duelo patológico. La madre marcó con su lloro y sonrisa el camino hacia la dignificación de un tipo de muerte estigmatizada socialmente. Hoy es el día en el que para mí son una familia referente de esperanza, humildad y discreción. Ojalá personas así apareciesen más a menudo en las redes sociales, porque son héroes de verdad, que con sus luces y sombras cotidianas nos ayudarían mucho a sentirnos humanamente normales. Basta ya de presentar referentes ideales en los que el fracaso y el dolor se excluyen de la vida real. Ver sonreír a familias así nos reconcilia con la humanidad y nos marca el camino de la esperanza alcanzable. Doy las gracias a muchas familias anónimas que, durante el duro camino del duelo traumático, han apostado por la vida renunciando a regalar nada más a la muerte, porque se ha llevado ya bastante de sus vidas.

7. SI PUDIÉRAMOS PREVENIR PARA NO TENER QUE INTERVENIR...

Quiero indagar en la prevención psicosocial para mejorar la satisfacción vital de la juventud y población en general. La soledad no elegida es determinante para entender el vacío y la angustia vital. En ocasiones, estamos rodeados de gente, pero no hay comprensión, por lo que el sentimiento de soledad comunicativa o relacional también es insoportable. Estamos acostumbrados a ver que la soledad en la vejez es una realidad cruel. Desgraciadamente no atendemos como es de justicia hacerlo y se está convirtiendo en prioridad absoluta por encima de todo lo demás. Caminamos hacia una sociedad envejecida en fase de suicidio demográfico. Pero la soledad no es patrimonio de la vejez. *La gente joven sufre en soledad* cuando se es diferente y no se tiene el paraguas protector del grupo.

Además tenemos que añadir la indiferencia social que existe en el *uso de las redes sociales*. En muchos casos la invisibilidad en redes conlleva someterse a trabajos forzados para ser visto y tenido en cuenta. Entran en obsesión y adicción de colgar noticias e imágenes para recibir algún gesto que calme su necesidad de reconocimiento. Mendigar para obtener unas migajas de atención que permitan la supervivencia social se ha convertido en el grito del silencio adolescente. Sin duda alguna, son el reflejo de nuestro fracaso como sociedad ante el diferente. Los referentes que son modelos e iconos para nuestros jóvenes están alineados y son alienantes; no permiten mucha diversidad ética, estética ni de opinión librepensadora. Se impone el reconocimiento y la aprobación de los líderes grupales. La popularidad y el brillo social se han convertido en las nuevas religiones que arrastran a los jóvenes fieles hacia el cielo prometido del éxito y la fama. Las personas que no son creyentes del culto a la fama y se sienten fuera del círculo son las que necesitan mostrarse, aunque sea de forma diferente. Esto les permitirá tener visibilidad e identificación con otras personas que también practican el ateísmo del narcisismo ególatra.

Me gustaría pensar que estamos a tiempo de ofrecer alternativas para las relaciones sociales más humanistas e inclusivas en su pluralidad. Poder entender al diferente y acoger al excluido no es un acto de caridad para sentirnos buenos solamente; es una revolución psicosocial para avanzar hacia un color diferente en el lienzo que dibujaremos la vida del futuro. Se debe distanciar la tiranía de los liderazgos que se burlan por ser diferentes y combatir la dictadura de los líderes que se mofan de la vulnerabilidad imponiendo la indiferencia. La juventud sensible y generosa es una especie a proteger de la extinción total. Merece muchos cuidados mediáticos y necesita de toda nuestra atención social ante las catástrofes sufridas con tanto cambio climático familiar.

La sociedad está siendo un puro reflejo de la *desestructuración de los sistemas familiares*. En muchos hogares la comunicación se ciñe a un ratito en la hora de la cena, con cansancio, móvil o ganas de ver la serie. En casa podemos construir un buen campamento base que nos permita apoyarnos y mostrar nuestras diferentes vivencias en un clima de escucha activa y respeto de las maneras de interpretar la vida.

Intentaré desgranar algunos elementos fundamentales para el trabajo preventivo de la ideación suicida en la adolescencia. Al igual que he venido haciendo hasta ahora, repasaré algunas necesidades esenciales para no caer al abismo.

7.1 LA ESPERANZA ESTÁ EN EL NOSOTROS; NI EN TI, NI EN MÍ

El secreto de una vida satisfactoria está en *tener en cuenta al otro* sin olvidarnos de nosotros mismos. Cuando lo que hacemos sirve de ayuda a los demás, de alguna manera nos sentimos bien. La amistad es un ingrediente esencial e insustituible para el desarrollo de nuestra personalidad. La educación basada en la conciencia está destinada a la convivencia con los demás y la conducta prosocial es un ingrediente básico para el aprendizaje. Para salir del egocentrismo vacío y estéril, necesitamos ayudar a los demás y sentirnos parte de un colectivo humano. Lo importante es la cooperación grupal conjunta y la inclusión de la diversidad; para ello tenemos que mostrar modelos virtuosos que rescaten el honor, la amistad, la bondad social, como signos de admiración a imitar.

«Nosotros» es una palabra radical y que va directamente a la raíz de las relaciones sociales. El término incluye la vivencia de sentirse vinculado y en pertenencia. «Nosotros» significa ser alguien y estar acompañado. Es una entidad que incluye el tú y el yo para juntos ser algo más, sumando y creciendo. Hablar de nosotros significa haber encontrado un grupo de pertenencia. Juntos somos más, pero, sobre todo, somos alguien social, visible, elegido y acompañado. La convivencia es respetar los planes que se ofrecen y dar la opinión, aunque se piense lo contrario. Intentar salir más y volver a arriesgarse ante el temido rechazo es la puerta hacia la salida preventiva.

La ansiedad está presente en una joven generación vaciada de sentido humanista y dirigida a la especialización tecnológica. Necesitan, más que nunca, la comunión con la comunidad y participar en planes conjuntos e ilusionantes. Dotar de objetivos que realizar en grupo y de forma colectiva es un buen método para evitar heridas psicosociales. Tejer redes sociales en las que cada cual sea una pieza necesaria del puzle para el objetivo final. Es sólo una pieza, pero está colocada en el lugar adecuado y da sentido al resto del dibujo grupal. Entendemos que la ansiedad ha ocupado el vacío humanista que asola a nuestras nuevas generaciones. El hueco ansioso es demasiado grande y gira a velocidad de vértigo.

Propongo crear grupos *online* anónimos, a modo de *chats de la esperanza*, porque sabemos que la comunicación *online* es el código directo más adecuado para acceder a su mundo interior, y gestionados por especialistas adecuados. Las consultas y comentarios de jóvenes que se sienten diferentes y la incorporación de otros jóvenes que participan con opiniones prosociales permitiría fomentar la conciencia prosocial que rescataría el sentido humanista de la vida comunitaria. Estos portales tecnológicos podrían estar dinamizados por iguales que a su vez han sido formados por especialistas que velen por el éxito del proyecto preventivo de construir conciencia humana.

Cuando somos elegidos para formar parte de un plan, el que sea, quiere decir que pertenecemos al grupo y tenemos cobijo. Así, la persona logrará miradas de normalización social y no las de verse como alguien que está «colgado». Poder salir a la calle acompañado y protegido significa estar tranquilo y no percibir que lo miran de reojo con desprecio. Los códigos grupales requieren de unas costumbres internas y es adecuado participar de vez en cuando, aunque no sean del todo el estilo de cada uno. Necesitan ropa social que los proteja de la soledad y formar parte del plan es sinónimo de pertenecer al grupo. A continuación, escribo la reflexión de alguien que supo rescatar su identidad social:

Ser diferente no significa quedarme solo y sé que puedo formar parte de algo. Por eso, este verano me voy a apuntar a alguna actividad, aunque el resto no lo haga. Hace tiempo que me apetece aprender a navegar por la ría en piragua y he visto que organizan un cursillo por las mañanas en el mes de julio. ¡Seguro que además de pasármelo bien en el agua conozco a gente interesante y paso la mañana de forma agradable! También he pensado en apuntarme a algún campamento de verano y trabajar en algo en lo que me sienta útil. No dudo de que voy a conocer gente interesante y a romper la timidez que me bloquea. Haga lo que haga, ahora sé que me tengo a mí mismo y no quiero abandonarme por nada del mundo. No voy a permitir que me maltraten y tampoco estoy dispuesto a seguir maltratándome con la queja y la protesta eterna. Quiero parar esta espiral ya y voy a poner en práctica lo que me han enseñado hasta ahora. Ahora sé que soy digno y merecedor de ser elegido y me doy la mano sin darme la espalda, porque me siento muy orgulloso de ser quien soy. Me reconcilio con aquella foto en que era muy pequeño y, al volverla a mirar, veo inocencia y mucha vitalidad. No me pienso traicionar porque, volviendo a sentir el dolor del rechazo sufrido y al enfrentarme a los miedos de mi soledad, he descubierto que en el fondo nunca me he abandonado y no me guardo ningún rencor. ¡En el fondo soy un buen tío! No tengo ninguna duda al elegirme como mi mejor amigo y juro no abandonarme nunca jamás.

Nadie puede arrebatarme lo que he vuelto a rescatar y lo he recuperado para siempre, aunque casi me haya costado la vida. Sé que he estado perdido en la angustia del vacío y la soledad, pero doy gracias a la terapia por haber descubierto que nunca he dejado de estar a mi lado, aunque no lo viese. La terapia ha sido como bajar a la Batcueva de Batman y enfrentar mis miedos para salir más fuerte y seguro de quien soy. No sé cómo explicarlo porque es un sentimiento muy potente y liberador. Es como volver a ser yo de forma consciente y sin avergonzarme por ello. He descubierto que me echaba en falta y que buscaba encontrar fuera rellenos a mi vacío interno, sin darme cuenta de que el agujero negro interno era el propio rechazo que yo mismo tenía hacia mí. La llave de mi propia cárcel estaba más cerca de lo que nunca hubiese imaginado, pero no podía encontrarla porque no la veía; estaba mirando hacia fuera pidiendo a gritos que me mirasen cuando era yo quien no me miraba.

Escuchamos que es mejor estar solo que mal acompañado. En el ámbito social y lúdico, nos podemos encontrar con el riesgo de la exclusión social y la presión grupal que condiciona nuestra pertenencia al grupo. Es decir, o fichas con nuestras ideas, o te ignoramos haciéndote el vacío e invitando a no llamarnos. Sabemos que existen vampiros sociales que nos hacen pagar un alto precio de militancia en el grupo para recibir el honor de que cuenten contigo para planes. Se sufre la injusticia del apartado para unos planes sí y para otros no, sin saber por qué. Bueno, normalmente lo llaman cuando pueden sacar tajada de algo. Tiene la fantasía falsa de creer que haciendo méritos para que lo llamen va a ganar audiencia con el grupo. No aprende que lo miran de arriba abajo y que, actuando así, la distancia aumenta.

Quien está mal acompañado sufre mucho el maltrato de la utilización y no va a mejorar si opta por el servilismo como forma de hacer méritos. Sentirnos solos en la enfermedad y comprobar que los demás tienen siempre otras prioridades conduce a la desilusión del enfermo. El paciente necesita sentir la visita verdadera y con la libertad necesaria que nos ayude a diferenciarla de hacerlo por compromiso. La persona enferma agradece el gesto humano de acordarnos de él, porque nos importa más su bienestar que nuestra desculpabilización por haber cumplido con la visita para quedar bien.

También se siente solo, en ocasiones, el protagonista del éxito. Aunque está rodeado de gente interesada y provisionalmente amiga, a menudo, comprueba que quienes creía amigos no se alegran de verdad por sus éxitos, y en lugar de ello sufre el aguijón de la envidia. El protagonista del éxito recibe falsa felicitación y, con disimulo, algún comentario saboteador. El resultado es la dificultad del protagonista para compartir en su entorno con alegría humilde los logros conseguidos sin molestar a nadie, que no es lo mismo que narcisismo exhibicionista. Es importante que nos sintamos acompañados también en la alegría y sin celos que encubren la envidia comparativa. La soledad se hace más insoportable cuando esperamos una llamada de algún conocido para hacer planes y no llega la invitación. Aumenta la sensación de no contar para nadie y la desilusión con falta de esperanza.

En estas situaciones, la sequía social es constante y terrible. Un simple mensaje es suficiente para mantener viva la esperanza de contar para alguien y no ser invisible. El sufrimiento que provoca la falta de compañía tiene como consecuencia en el ser humano un aumento del riesgo de padecer trastornos psicológicos. Darnos cuenta de nuestra soledad y confirmarlo día a día es un motivo de sufrimiento importante. Ya sabemos que en ocasiones la soledad es elegida, pero me refiero a la sensación de no contar para nadie y sentirte invisible para el resto. Esperar una llamada, un comentario, una invitación, un sentirnos visibles y tenidos en cuenta. *¡Qué duro saber que no contamos para nadie!* Las personas somos seres relacionales y, por tanto, necesitamos del otro para satisfacer necesidades fundamentales para nuestra salud. El silencio mantenido y obligado es frustrante y condiciona la salud mental. Desde pequeñitos el miedo a quedarnos solos nos acompaña universalmente.

Las relaciones humanas saludables tienen un poder preventivo muy importante en el desarrollo de la salud mental. Los colectivos en riesgo de exclusión social se sienten ignorados muchas veces por ser diferentes. Nos cuesta entender al distinto y tendemos a juzgar lo que no conocemos. No creo que la solución sea la de crear «guetos» de colectivos para reivindicar una identidad. La persona es más que el grupo, aunque pensamos lo contrario. El grupo que no respeta a la persona se olvida de las virtudes del ser humano.

Partimos del derecho a ser tenidos en cuenta por lo que somos y no por lo que esperan que seamos. Desde la infancia familiar, pasando por la adolescencia grupal y caminando hacia la autorrealización personal, necesitamos reivindicar el *derecho a ser uno mismo*. Aprender a no dejarnos solos en este aprendizaje se me antoja imprescindible para que los demás nos valoren y nos tengan en cuenta. Atendernos en nuestras necesidades fundamentales con autoempatía, sin autoengaño y siendo fieles a nosotros mismos, es saludable. Necesitamos ser nuestros mejores amigos incondicionales para saber quiénes somos, qué queremos, y así elegiremos con quiénes vamos en el tren de la vida. Encontrar compañía en libertad y sin peajes deudores nos enriquece tanto que nos ilusiona llamarlos y nos alegra agradecerles la llamada recibida. Las relaciones desde la ilusión y no la obligación nos gustan porque sentimos que le importamos al otro de verdad y sin postureo. Saber que el otro quiere libremente estar con nosotros nos ayuda para la validación y reconocimiento de quienes somos. ¡Qué gran tesoro a cuidar cuando podemos disfrutar de relaciones así!

Para conseguir la pertenencia al grupo es muy saludable participar desde pequeñitos en actividades conjuntas. El deporte, el teatro, aventuras en la naturaleza, campamentos de verano, grupos de reflexión a través de redes sociales, equipos de videojuegos, implicación social o de ideología… El objetivo es tener la posibilidad de participar con otras personas y aprender los códigos comunicativos entre iguales con sus diferentes aristas y desarrollar la capacidad de adaptación formando parte de una identidad colectiva. A veces, la solución pasa por ir al concierto del grupo de moda y cantar las mismas canciones como si no hubiese un mañana. Ir a ver el partido importante con la camiseta del mismo equipo y chillar como los demás. También ayuda atrevernos a hacer el ridículo cuando sabemos que no entendemos la actividad a realizar, pero que valoramos estar con el grupo y somos de la cuadrilla.

7.1.2 HAGAMOS REVISIONES PSICOLÓGICAS DE VERDAD

Como profesional de la salud mental sé que la adolescencia es un ciclo vital determinante para la construcción de la identidad personal. En esta etapa de la vida, la personalidad se estructura de una manera histórica, siendo estos años fundamentales para el devenir de la persona. Por todo ello recomiendo tener al menos una revisión psicológica con rigor profesional y de forma preventiva durante el mencionado periodo vital. *La detección temprana de las posibles carencias* que tratar hará que el pronóstico sea mucho más favorable. La resolución adecuada de los conflictos identitarios durante la adolescencia es como un seguro de vida con carácter vitalicio.

La etapa de educación infantil y primaria en la formación educativa de nuestras escuelas incluye la mirada psicológica preventiva. Se habla de apego, psicomotricidad, juegos cooperativos, juego simbólico, dibujos proyectivos, relatos creativos para construir narrativas prosociales, etc. La pedagogía terapéutica está presente en todos los cursos y la figura de los profesionales de la psicología son integrados por el centro y las familias. Toda la comunidad entiende la importancia que tiene la psicología en las primeras fases de la vida. Se diagnostican dislexias, discalculias, TDA y TDAH, autismos, altas capacidades, Asperger, trastornos de conducta impulsiva, trastornos alimentarios y una amplia lista de otros posibles rasgos que tratar con profesionales de la salud mental. La escuela, las familias y los pediatras están en coordinación frecuente y cada vez se normaliza más el intercambio de información.

Veo otra realidad a partir de los catorce años. El segundo ciclo de educación secundaria obligatoria, el bachillerato o los ciclos formativos e incluso el inicio a la formación universitaria también requieren de atención psicológica profesional y específica. La figura del orientador en los centros educativos no es suficiente: el itinerario de estudios a seguir es algo académico, pero los cuidados psicológicos en dichas edades son esenciales, porque los peligros que acechan a nuestros jóvenes son más graves y requieren de profesionales especializados en la salud mental.

Desde las escuelas y los centros de atención primaria podríamos hacer mucho bien si dotamos a nuestra población de profesionales de la salud mental que velaran por la higiene psicológica. Sería más barato para el sistema, se ahorrarían muchos recursos médicos *a posteriori* y haríamos una buena inversión psicosocial. Las consultas de atención primaria absorben un número elevado de citas por causas psicológicas que colapsan las agendas y no pueden derivar adecuadamente. El argumento que se utiliza habitualmente es: «No podemos medicalizar el sufrimiento inherente a la vida». Parece ser que el dolor invisible en una radiografía no es merecedor de ser atendido por profesionales bien formados igual que se hace con un catarro.

Me llama la atención la escasez de *analíticas psicológicas* que nos hacen a lo largo del ciclo vital en comparación con las analíticas de sangre. Incluso en las revisiones del trabajo se tienen en cuenta una vez al año unos parámetros de salud básicos en los que no se incluyen analíticas de salud mental. Siempre lo he valorado como un reflejo muy gráfico de nuestra ignorancia ante el bienestar psicosocial de nuestra población. Podemos llegar tranquilamente a la vejez sin haber tenido ninguna valoración psicológica y encontrarnos con la primera valoración de dependencia antes de pedir ayudas sociales. ¿Alguien se imagina llegar a la vejez sin ninguna analítica de sangre a lo largo de la vida o no saber ni el grupo sanguíneo? Pues es exactamente lo que nos sucede con nuestra personalidad y el colesterol de la psicopatología acumulada.

Por tanto, hagamos buenas analíticas psicológicas de forma preventiva en nuestros jóvenes y estaremos cuidando nuestro futuro como sociedad. No esperemos a que el síntoma se instaure y en algunos casos ya sea un poco tarde. Es de justicia tratar nuestra salud mental y psicosocial tan bien o mejor que nuestras dentaduras. Todos hemos comprendido la importancia de una buena salud bucodental y es muy frecuente acudir al ortodoncista; nos hemos habituado a ver muchas bocas corregidas por aparatos correctores y no precisamente baratos. Sabemos que antes de la infección de muelas se puede detectar una caries; previamente a la caries se detecta la presencia de sarro e incluso se previene con una limpieza anual en la visita preventiva al dentista.

Seamos serios también con la salud mental de la juventud porque hay muchas vidas en juego. Los trastornos de personalidad, las adicciones, fobias, obsesiones, ansiedad, depresiones, trastornos del ánimo, etc., comienzan en una edad adolescente en la que se puede hacer mucho bien si *intervenimos de forma temprana*. Sabemos el diagnóstico y se prevé un mal pronóstico si no intervenimos adecuadamente; ahora es el mejor momento para implantar un verdadero plan nacional de salud mental. El objetivo más que utópico y alarmista es urgente. *La tarea consiste en salvar vidas humanas por una enfermedad psicosocial que está matando a parte de nuestra juventud.*

7.1.3 MODELOS VIRTUALES PARA DESPERTARNOS DEL HECHIZO MENTIROSO

La imitación de referentes populares y exitosos es una herramienta muy poderosa para diseñar intervenciones preventivas en nuestro desarrollo psicoevolutivo. Me temo que el modelaje actual en redes sociales se basa más en personajes idealizados y tuneados que en realidades encarnadas también con las sombras cotidianas de la vida.

Nos ayudaría ver a jóvenes que admiten su vulnerabilidad y aceptan sus fracasos; observar personas que aceptan con elegancia las heridas y los rechazos, gente que se pueda mostrar sin vergüenzas por complejos estéticos. Podríamos *enseñar personas reales* que se quitan el maquillaje social de la mentira identitaria y el disimulo de éxito perpetuo.

Necesitamos hacer *marketing* de la serenidad y la tranquilidad vital, sin tener que buscar la intensidad constante y arriesgada de vivir a «tope de *power*». Despertarnos del hechizo mentiroso de la felicidad constante y la belleza triunfadora, confrontar la idealización identitaria con la honestidad de ser uno mismo. Crear un ambiente social en el que el atractivo sean comportamientos virtuosos y lo que brille de las personas sean valores humanos, desde la bondad, la empatía, el respeto, la justicia, la generosidad, la humildad, la honradez, la honestidad, la amistad y un largo etcétera de cualidades que nos ayuden a ser la mejor versión humana de nosotros mismos. Dibujar narrativas en las que los personajes populares tengan vidas cotidianas con resoluciones humanamente limitadas y también erróneas; pero, sobre todo, *presentar jóvenes que ejerzan un liderazgo prosocial basado en las virtudes humanas.*

Desde hace tiempo sabemos en psicología que tales cualidades del ser humano nos acercan más al humanismo que a la vanidad y el narcisismo. No significa ser tontos y pecar de inocentes, sino que se trata de quitar el velo a la propaganda falsa de crear personajes plastificados muy alejados de la verdad humana. El sentirnos bien por tratarnos bien también engancha y se puede hacer viral; sólo hace falta mostrarlo y crear plataformas digitales en las que dichos rasgos de personalidad resulten atractivos a imitar. Ya no vale pensar que la maldad significa más inteligencia y poder; las demostraciones de poder en las que se busca ser más que los demás son como los gases de efecto invernadero: cuestiones a erradicar.

Recordemos que es la vanidad la que en un momento determinado nos puede llevar a sentirnos atrapados en el fracaso y la pequeñez humillante. En mi propuesta del egocidio, estoy apostando por dar la espalda al susurro mentiroso del espejismo del personaje, que nos engaña para ser otra persona en lugar de la que somos en la realidad. Incluir experiencias de reconversión identitaria en las que la persona se enorgullece de recuperar su verdadera identidad, aunque le resulte mundana y nada exitosa pero serena y placentera en el día a día de la vida, nos mostrará el camino a seguir para salir de la niebla mental en que nos atrapa el glamur de ego mentiroso.

7.1.4 CENTINELAS INVISIBLES Y PROTECCIÓN ANÓNIMA

Apelo a la participación en las redes sociales con actitud protectora y vigilante de los riesgos virtuales. No podemos quedarnos impasibles ante la manipulación afectiva *online* porque seremos cómplices de la crueldad disimulada. Cada vez que intervenimos ante una injusticia dentro del grupo de WhatsApp al que pertenecemos, estamos contribuyendo al cese del maltrato consentido por los espectadores que callan. Tomar partido, sin negar la evidencia, nos ayudará a confiar en las relaciones basadas en el respeto y no la pleitesía o sometimiento ante liderazgos tóxicos.

Velar por las relaciones basadas en el buen trato es una tarea al alcance de todo el mundo. Cada uno actuamos con base en un código de buenos tratos, es decir, tratamos a los demás como nos gustaría que nos tratasen a nosotros. La mirada vigilante y protectora nos convierte en guardianes de las relaciones sociales virtuosas. Mirar hacia otro lado cuando somos testigos de la injusticia es refugiarnos en la indiferencia, así caminamos hacia la deshumanización en soledad. En cambio, saber que hay una mano tendida que nos rescata del peligro y que nos enseña a cómo hacerlo también con los demás es la clave para tener un buen antivirus instalado en nuestros móviles. No es necesario que sea una autoridad la que gestione la vigilancia de posibles delitos contra el comportamiento virtuoso; es la implicación propia y particular la que nos devolverá a las relaciones sanas.

Podemos sacudirnos del miedo a intervenir y disipar el temor a las represalias de rechazo grupal por no estar alineados con la injusticia. Al implicarnos, estamos alimentando el lema de «hoy por mí y mañana por ti». La bondad requiere de intervención y no de evitación o bloqueo impasible. Rescatemos a quien sufre situaciones de injusticia porque la indiferencia deja solo e indefenso a la víctima de maltrato. Hacer justicia significa implicarse cuando la ocasión lo requiere y somos testigos de ello. Hagamos real el lema de ser humanos para sentirnos protegidos por una red invisible que nos permita confiar en la comunidad social a la que pertenecemos. La bondad social se traduce en no dejar solo a quien sufre y es diferente. La indiferencia y el enjuiciamiento añaden sufrimiento a quien padece en soledad por la causa que sea. Comprender significa respetar al desigual, interesarnos por su opinión y escuchar su mirada con empatía social. El disimulo o el escaqueo ante conflictos en los que necesitan de nuestra ayuda y participación nunca es sinónimo de neutralidad. La responsabilidad por omisión es tan punible como la responsabilidad por la acción.

La heroicidad silenciosa no busca salir en la foto vanidosa, sólo pretende ayudar a quien lo necesita y el reconocimiento social no es algo pretendido, sino que es la consecuencia anónima del comportamiento virtuoso. El resultado es que la imitación busca más el comportamiento a emular que a la persona en sí. Porque, seamos sinceros, hay personas buenas que hacen cosas malas, y personas malas que hacen cosas buenas. El anonimato, la discreción o la naturalidad no pretenciosa son rasgos muy atractivos que imitar en el camino de la heroicidad silenciosa. Ser y hacer, en lugar de parecer y disimular, es la receta secreta que define a los centinelas invisibles que nos están salvando cada día a la humanidad sin que nos enteremos de cuándo lo hacen.

Vaya desde aquí el aplauso y el agradecimiento a todos ellos, porque sin su ejemplo nada de lo que intento transmitir en este libro sería posible. Serían bonitas palabras escritas en unas cuantas páginas que se quedarían en el mundo de la teoría y que a duras penas llegan a la vida real de todos los días. Las manos invisibles que utilizan los espectadores imparciales con el fin de armonizar nuestra ética social son el distintivo de los guardianes de la humanidad. Ojalá pongamos de moda dichos valores y normalicemos tales comportamientos. Haríamos virales las conductas nutritivas y tendríamos referentes de aprendizaje.

7.2 ¿QUÉ NOS PASA COMO SOCIEDAD?

Vivimos tiempos de soledad en una sociedad cada vez más deshumanizada. No vemos a la otra persona salvo que exista algún interés encubierto y nos molestan los problemas. Si alguien se encuentra mal y pasado el tiempo no mejora, tendemos a distanciarnos o enjuiciar a quien sufre. No lo entendemos y creemos que riñéndole va a espabilar, como si fuese un problema de actitud. El resultado es la soledad e indiferencia cuando la persona necesita de apoyo social. Hoy en día el sufrimiento en soledad se ha convertido en una réplica de lo que ocurría hace 2000 años con las personas leprosas. Las desterramos de la vida y les negamos el calor humano. Olvidamos que nuestro miedo ancestral al vacío oscuro necesita de manos humanas que nos sostengan.

Mucha patología psicológica viene derivada de cuestiones psicosociales en las que la soledad y la indiferencia infectan cualquier tipo de esperanza para ser visto con humanidad. No se trata de mirar con compasión malsana para quedar bien moralmente y de cara a la galería del manual del buen ciudadano. Mirar significa escuchar y no juzgar, entender y acompañar al diferente. Tener una mirada humanista significa comprender que integramos el sentimiento de ser terrícolas. Ocurre a gran escala entre países y a pequeña escala entre miembros diferentes de la misma clase en el instituto.

La carencia psicológica derivada del déficit social de necesidades esenciales para la salud psicosocial de las personas nos está llevando como sociedad al colapso abandónico y a fracturas de soledades invisibles. Nos cuesta mucho acompañar a quien lo necesita y los valores humanistas quedan en manos de minorías militantes, con la desconfianza que ello conlleva.

Estamos construyendo rutinas basadas en alimentar nuestro personaje egótico y vanidoso, más pendiente de brillar ante los demás que colaborar para disfrutar juntos. Hacer deporte se ha convertido en una religión que esclaviza las agendas y no deja tiempo para estar con los seres queridos. Veneramos la forma corporal, la estética vigilante del espejo y somos presos de la báscula. Las marcas y los objetivos deportivos que conseguir representan un poquito el modelo de sociedad que estamos creando: atrapados en la rueda de la apariencia social y la pertenencia a la élite estética. Veneramos más el músculo que la conversación serena o la escucha empática.

Demostrar que somos más en comparación con los demás nos retrata en nuestra pequeñez humana. Lo de menos es el ámbito en el que buscamos destacar; lo significativo es la adicción por ser admirado, popular o exitoso a cualquier precio. La moda de turno, siempre caduca, eclipsa la esencia humana de fondo, siempre perenne. A nuestra sociedad moderna le falta poner el foco principal en la persona como epicentro de la construcción social. El fin no justifica los medios, y una sociedad humanista que se precie no puede perder de vista a la persona. Estamos construyendo un nosotros social que no incluye el yo diferente y algo se nos queda en el camino; estamos dejando atrás el fundamento que nos sacó de la selva: *la empatía y la conducta prosocial.*

Para trabajar el músculo prosocial tenemos que sentarnos de verdad a ello. Los templos sociales que utilizamos hoy vienen de la mano de conciertos y no de discursos. Enseñan paisajes y fotos intensas, en lugar de eslóganes o rituales sacramentales. Lo importante es crear comunidad humana con esperanza de resucitar socialmente a una sociedad dormida, indiferente y sorda ante quien está solo. *La soledad no elegida es una pandemia de nuestro tiempo* que amenaza con extenderse sin límites y con total crueldad. Quitémonos las máscaras y evitaremos los contagios de mirar a otro lado con insensibilidad humana. Rompamos el protocolo de las distancias de seguridad para evitar enfermar de indiferencia y saquemos vacunas cargadas de antipresión grupal. La carga viral que mejor ayudará a nuestro sistema inmunológico como sociedad es pensar en el otro para ver cómo nos podemos ayudar mutuamente. La bondad social es un buen antídoto ante la maldad, que también existe. No hablo de buenismo inhibido, sino que promulgo el activismo de la bondad que enfrente, con alternativa firme, a la desidia concesiva del «sin más» que nos ha hechizado como sociedad.

Nunca antes hemos tenido tanto acceso a la información. Incluso diría que sufrimos de estrés y nuestro cerebro no puede asimilar tanto dato inmediato. Tendríamos que ser más selectivos con los datos que consumimos y poner filtros horarios a nuestras ingestas de noticias diversas; picar entre horas nos altera el metabolismo comprensivo. El cerebro necesita organizar y acomodar toda la información que procesa cognitivamente, localizar en el mapa mental el significado adquirido y asignar un lugar adecuado en los archivos de la memoria particular.

Nuestra juventud lo tiene muy difícil ante el bombardeo de noticias tendenciosas en las redes sociales. Saber separar la paja del trigo en las búsquedas *online* es complicado y muchos se pierden. Estamos en la era de la comunicación, pero, al mismo tiempo, más solos que nunca y con gran incomunicación en las relaciones sociales. No hay mejor ejemplo que observar un grupo de jóvenes reunidos en la calle y cada uno mirando a su móvil.

7.2.1 *VACÍO HUMANISTA*

Busco reflexionar sobre un tema radical en nuestra cultura ética y que subyace en nuestra conducta más de lo que creemos. Al repasar los estudios revisados al respecto, me encuentro con una diferencia clara entre los valores y las virtudes. Las virtudes son el saber encarnado y los valores son el saber hacia el que vamos. Es decir, mientras las virtudes son auténticas, los valores pueden llevarnos a falsear nuestra moralidad. Ser un virtuoso de la música tiene que ver con la esencia misma de la persona que ha desarrollado una virtud que le ayuda a la realización personal. Es decir, viene dada como capacidad innata, desde dentro hacia fuera. El entorno se convierte en un estímulo adecuado para el crecimiento de la virtud.

Los valores vienen a guiarnos en el camino del buen hacer y están apuntalados bajo el criterio de los que velan por nuestra buena conducta. Es decir, viene de fuera hacia dentro y nos cincela en base a unos criterios aprendidos e introducidos a modo de juez interno en nuestra conciencia. Cuando decimos que estamos en una sociedad en crisis de valores, quizás nos estamos refiriendo a que las instituciones que velaban por el buen aprender de dichos valores están en horas bajas.

La palabra «virtud» me sitúa más en la antigua Grecia, cuando Aristóteles y Platón mencionaban el *aret*é como piedra angular de su pensamiento ético. Nos mostraban la excelencia que hay detrás de cada ser humano. La necesidad de buscar la perfección en lo que uno es. Así, la *paideia* era la base de la educación que dotaba a las personas de un carácter verdaderamente humano. Esto me hizo pensar y entendí que, cuando una persona se centra en el desarrollo de sus virtudes, la autorrealización lo lleva al acercamiento con las demás personas. Este modelo de búsqueda de excelencia no está centrado en la búsqueda de resultados y efectividad productiva. Busca la maduración de la virtud potencial y confía en la aportación de dicha excelencia para la comunidad. Hoy en día las prisas por los resultados y el beneficio nos llevan a utilizar «hormonas de crecimiento anímico» también desde los libros de autoayuda, que se alejan del poso de autenticismo que deja una virtud encarnada. Además, ya desde el *areté* se buscaba la templanza y la justicia como elementos vehiculizadores del despertar interno de la conciencia. La sedimentación del saber hacía posible que la persona alcanzase una reflexión más elevada y que curiosamente converge, lejos de dicotomizarse.

¿Qué ha ocurrido para que nuestra cultura occidental haya cambiado el término «virtud» por el de «valor»? Siguiendo el juego de palabras, encontramos que «valor» tiene el riesgo potencial de interpretarse en términos mercantilistas y quizás es aquí donde reside una posible explicación. La efectividad y el rendimiento que podemos obtener al domesticar la conciencia moral a través de la manipulación, introduciendo el miedo o el castigo en forma de tinieblas, atendiendo a la economía de esfuerzo, resulta más económico pensar en las personas como en tablas rasas, a las cuales poder cincelar unidireccionalmente. ¡La letra con sangre entra! El objetivo no es tanto enseñar a pensar, sino que el sujeto en cuestión aprenda bien lo que le queremos enseñar, evitando así el posible riesgo de sublevación intelectual, pero la dependencia se instala en la raíz del pensamiento. El talento se adapta al balanceo de refuerzo positivo y refuerzo negativo. Sabemos que no queremos ya este camino de formatear identidades.

Atendiendo al plano de nuestra educación actual, opino que también ha sucumbido al riesgo implícito de una educación en valores. Este no es otro que el de la globalización y la estandarización en criterios de excelencia. Si nos fijamos en las ratios y los marcajes tan rígidos de los proyectos educativos de centro, entenderemos que tanto el alumno como el profesor se atrofian en su creatividad para comentar aspectos cotidianos como manera de aprender la realidad y pensar desde la experiencia inmediata. Quién sabe, quizás nos toque volver a reintegrar nuestro saber histórico como ocurriese en el siglo XIV y el Renacimiento. Vamos a una velocidad que nos da vértigo y cada vez más encontramos en nuestra juventud signos de alarma que nos deberían hacer pensar.

La globalización no sólo refiere a los grandes supermercados; tendríamos que reflexionar sobre la globalización en la educación. Necesitamos impulsar la excelencia en las virtudes y no tanto buscar el valor de la efectividad como mandato del mercado que nos devora sin percatarnos en tiempo real. En conclusión, la virtud enseña más por el ejemplo que por los libros. La enseñanza moral debe estar basada en lo que practicamos con nuestros hijos o alumnos.

El resto es retórica que encaja en el PEC (proyecto educativo de centro), pero que nos aleja del encuentro educativo.

Educar no es disciplinar, evaluar o instruir. Es algo más que el plano instrumental.

Existe la necesidad de impulsar una pedagogía humanista y no tanto eficientista; aquella que nos rescate del vacío en el que nos ha atrapado la soledad relacional. No es cuestión de rellenarlo con actividades externas que tapen el tedio existencial; más bien se trata de estimular y desarrollar la virtud humana en vías de extinción. El humanismo es como un manantial inagotable obstruido e infrautilizado porque hemos buscado el agua en otros lugares y de otras maneras. Sólo tenemos que acceder hasta él porque está, y desde los tiempos de nuestros antepasados. La mirada hacia dentro nos devolverá a la conciencia humanista que hemos silenciado con tanto estímulo externo. El ruido hacia fuera nos ha colocado más en el hacer y parecer que en el ser auténticos. No es necesario llevar unas agendas hiperactivas para lograr sentirnos satisfechos en la vida.

El vacío humanista es un hueco que nuestra sociedad intenta llenar con ansiedad hiperactiva. Corremos a una velocidad estresante y el silencio o la pausa asustan. Es hora de recuperar nuestra imaginación para reconciliarnos con las virtudes que antaño imitábamos buscando ser buenas personas. Las tradiciones humanistas vuelven a estar de actualidad y podemos aprovechar el desarrollo tecnológico para llegar a nuestra juventud hasta la parte del corazón que ha quedado huérfana de mapas virtuosos. La ansiedad existencial que sufre una generación a la deriva en el cortoplacismo necesita de referentes pausados y vertebradores para construir una comunidad humana. Insisto en el poder del imaginario para dibujar un futuro más ilusionante. Hacerlo en grupo y con ritmo pausado hacia la introspección significa ayuda directa al corazón. Somos capaces de revertir la fantasía catastrofista de un futuro en soledad hacia un atardecer de la vida más colectivo y basado en sistemas más fraternos. Nos encontraremos en el camino como personas errantes en busca de un cobijo que sólo hallaremos al sentirnos acompañados y en familia social.

7.2.2 INDIVIDUALISMO FEROZ. ¡JUNTOS SE LLEGA MÁS LEJOS!

Cada cual va a lo suyo; esto se nota en una sociedad egocentrista y hedonista en la que prima la vanidad por encima de la bondad. Si vemos algún problema en la calle y evitamos socorrer a quien lo necesita por miedo a que no nos salpique el conflicto, entenderemos lo que sucede en las situaciones de *bullying* entre menores. Repiten el comportamiento que observan en las personas adultas, es decir, no querer meterse en problemas. La poca implicación en cuestiones sociales y humanitarias es el reflejo de un comportamiento individualista y egocéntrico.

El espejo es una buena metáfora para entender el concepto del individualismo y la dificultad de ver a las demás personas en nuestro campo de visión. Imaginemos una reunión grupal en un espacio con paredes revestidas de espejos. Al mirarnos buscamos nuestro cuerpo y nuestra mirada, pero nos cuesta focalizar una vista panorámica en la que tengamos una perspectiva plural del grupo. Además, nos damos cuenta de quién nos está mirando a través del espejo y, al mirarnos, nos sentimos capturados en la observación sin permiso. Si pudiéramos vernos en un nosotros plural en directo, como al sacarnos una foto de grupo, conseguiríamos tener un sentimiento de pertenencia grupal interactivo, la comunicación dejaría de estar focalizada en individualidades.

Entrar en una cafetería y ver las prisas por pedir en la barra es una oportunidad para practicar la generosidad social. Si tenemos tiempo y la emoción está calmada podemos hacer el ejercicio de quedarnos a la espera permitiendo que los otros se adelanten el turno ante el silencio de camareros y personas en la barra. Hacerlo de forma consciente y sin sentirnos humillados por ello sabiendo que se cuelan y, aun así, decidir ceder el turno es un gesto de seguridad más que de ser tonto. Esas personas que ceden el turno y no buscan tener siempre la razón son las que están salvando las relaciones humanas basadas en la cooperación y la elegancia humana. Muestran el ejemplo que imitar y acaban siendo respetadas por toda la comunidad.

En lugar de empeñarnos en la demostración de poder, tenemos la alternativa de enfocarnos en la demostración de saber. La sabiduría es una característica social del ser humano que va desde la persona hacia el beneficio de la comunidad social. Tener en cuenta a los demás es sinónimo de madurez personal y define a quien lo hace como alguien con capacidad de ejercer un *liderazgo grupal sano*. Enseguida nos damos cuenta de la influencia enriquecedora que ejerce este tipo de referencia entre los jóvenes. Se crean grupos sanos y la amistad se convierte en lugar seguro para construir una identidad plural válida, inclusive para las amistades diferentes que conforman el grupo.

Es una auténtica gozada ver a un grupo bien avenido en el que caben personas diferentes e integradas con normalidad. Como en algunos casos cuando existe algún tipo de diversidad funcional, que lejos de rechazarse es entendido como amigo parte del grupo. Las virtudes humanas se detectan en los comportamientos que tenemos con quienes son diferentes. La calidad de las amistades reside en las personas que crean comunidad y se interesan por el bienestar de los demás.

Los colectivos basados en el respeto a las personas que lo incluyen es un valor seguro para crear nuevas generaciones humanistas y no tan individualistas. La sociedad que no incluye a la persona como epicentro del desarrollo colectivo no es una comunidad prosocial; cuestionar el individualismo feroz no debe confundirnos con alentar el cuidado de cada una de las personas que forman nuestra sociedad.

7.2.3 *LAS PRISAS Y LA FALTA DE VOLUNTAD PARA LA INTROSPECCIÓN*

No entiendo la prisa que nos entra por hacer las cosas y responder inmediatamente a los mensajes. Vivimos acelerados con estrés y a una velocidad superior a la que podemos manejar. Anhelo la pausa y el silencio como elementos esenciales para modular el ritmo de la vida. La introspección requiere concentrarnos hacia el interior y dejar en segundo plano los estímulos externos. Aprender a respirar y entender nuestro cuerpo o reflexionar sobre nuestra opinión honesta ante los avatares de la vida forman parte del mirar hacia dentro de forma consciente. La calma nos permite escuchar nuestra versión de lo que está sucediendo. *La serenidad* nos ayuda a ver con objetividad lo que ocurre sin autoengañarnos. Estar tranquilos es sinónimo de sintonizar con lo que pasa fuera desde dentro y en comunión perfecta.

Rellenamos demasiado las agendas de nuestros menores con actividades constantes e interminables. Nos olvidamos de la oportunidad creativa que brinda el *aburrimiento o el tiempo libre*. Desgraciadamente la alternativa a la falta de actividades programadas es pasar pantallas en el móvil. Estamos colonizando nuestra imaginación con estímulos audiovisuales inmediatos y totalmente dependientes de la intensidad exterior. Consumir estímulos intensos e inmediatos está haciendo que los cerebros se estén acostumbrando a un código comunicativo de tipo adictivo, en el que quedamos atrapados por la impresión momentánea y no degustamos el sabor de la información en su contenido.

El desarrollo adecuado de nuestra capacidad simbólica necesita de unos ritmos adecuados y el manejo de los tiempos en modo pausado. El silencio consciente nos ayuda a escucharnos y entender al otro; bajar el nivel de ruido mental es necesario para entender lo que pasa fuera y dentro de nuestra cabeza en las actividades sociales. La pausa, que decían los estoicos, es la mentalización que dicen los teóricos del apego. El objetivo consiste en sentir, mentalizar o pensar y luego ejecutar la conducta, en un orden armónico y adaptativo a la situación que lo requiera.

Desde que era pequeño he utilizado la escritura para meditar cognitivamente. Llevar un *diario personal* en el que construir una narrativa de aquello importante que nos sucede en la vida es una manera sana de ordenar nuestros pensamientos y emociones. Nos ayuda a entendernos, comprendiendo lo que está sucediendo, y a estar en paz con nosotros mismos. Además, tendremos un verdadero tesoro para analizar de dónde venimos para decidir hacia dónde vamos. Relatar nuestra propia vida nos otorga el poder de ser interlocutores en nuestras vivencias íntimas, porque nos sinceramos siendo testigos únicos de la verdad, nos alejamos de hacernos trampas y la honestidad nos hace libres.

Escribirnos en un diario no es desahogarnos y ventilar emociones de forma catártica; es más bien una especie de yoga intelectual en el que la pausa y el silencio elegidos nos colocan en la consciencia de quien realmente somos.

No podemos olvidar la voluntad y disciplina para conseguir lo que nos propongamos en la vida. *La voluntad* es una virtud que requiere un poco de esfuerzo y constancia. Nos despierta de la pereza y la desidia; dejamos la procrastinación para saborear con merecimiento la miel del trabajo bien hecho. Las metas que nos proponemos no vienen llovidas del cielo, y si queremos algo hemos de trabajar para conseguirlo. Al igual que es mentira el timo de conseguir dinero fácil, es una trampa creer que la serenidad y la aceptación de la vida tal y como es nos llegue siendo pasivos y receptores por ciencia infusa. Modular nuestra mirada ante los sucesos de la vida, para no sentirnos solos de nosotros mismos, es una tarea constante que nos acompaña toda la vida. La introspección, la pausa, el silencio, la voluntad, la constancia y el esfuerzo son atributos de una persona equilibrada y satisfecha que apuesta por la serenidad como signo de felicidad.

7.3 RELACIONES DE CRISTAL Y CULTO A LA APARIENCIA

Nos falta compromiso en las relaciones de amistad. «Lealtad» y «fidelidad» son términos que han quedado caducos en aras de una libertad deshumanizante. Los intereses personales dibujan una moral utilitarista de las relaciones personales. Hemos creado relaciones de cristal que se basan en la fragilidad de los vínculos e intolerancia a las opiniones diferentes. Son relaciones alineadas en las que se está con uno o contra uno, sin posibilidad de opinar diferente. La vulnerabilidad latente en las relaciones sociales genera inseguridad en las personas, y el miedo al rechazo impregna el vínculo de amistad hasta el punto de condicionarlo con la constante necesidad de aprobación.

Las relaciones de pareja están sometidas a la tiranía de la estética porque los estereotipos de belleza que hemos construido nos condicionan la posibilidad de abrirnos a conocer personas interesantes. El culto a la apariencia nos está soterrando la belleza imperfecta; parecemos clones sometidos al adoctrinamiento de los *youtubers* de turno y nos quedamos sólo con la primera impresión, de ahí la obsesión con la imagen y la estética. Se juega en breves segundos la posibilidad de ser visto en un escenario muy cruel, tal y como ocurre con el pasar las pantallas en Instagram. Son relaciones de cristal porque se parecen a los escaparates de las tiendas de moda: se dejan ver, pero tienen una barrera transparente que impide el contacto humano.

El cristal se rompe con facilidad, por lo que hay que tener cuidado con su mantenimiento. Pero también permite que entre la luz y, por tanto, mejora la luminosidad de los interiores. Se forma a partir de un fundido cuando se enfría el líquido, a partir de un vapor invisible y cálido, cuando este entra en contacto con una superficie más fría. Lo que quiero explicar es que los contrastes en las diferencias relacionales hacen que se forme una barrera que no se ve, pero que nos separa del encuentro humano. Cuando vemos a niños gatear chocando con una puerta de cristal, nos damos cuenta de que no han visto lo invisible. Van de forma ingenua hacia su objetivo inconscientes de la barrera con la que se darán en las narices.

Esto es lo que nos pasa en muchas relaciones sociales que hemos creado bajo el manto de las apariencias. Nos sentimos engañados ante identidades fraudulentas que se presentan falseando su verdadero ser, de forma mentirosa y manipuladora. Aunque no se den cuenta porque están demasiado acostumbrados a hacerlo, no importa, porque el resultado es igual de dañino y decepcionante. Ir por la vida de lo que uno no es tiene sus días contados y tarde o temprano se descubrirá la verdad de la apariencia mentirosa.

7.4 ESTAR ESTANDO Y NO HACER QUE HACEMOS

Vincular con las personas significa sintonizar en relaciones basadas en la honestidad comunicativa. La presencia honrada requiere, además de escucha activa y atención presente, acompañamiento durante el relato compartido juntos. No sirve poner cara de atención o interés si de verdad no se tiene; enseguida se nota y no conduce al encuentro verdadero en el que se basa una relación significativa. La comunicación sincera se caracteriza por dialogar en sintonía y deliberar basándose en opiniones libres sobre el tema tratado.

Si de verdad queremos ayudar a la persona que lo necesita, podemos empezar por estar a su lado de forma respetuosa y constante. Nuestra presencia mantenida va a generar la suficiente confianza como para soltar el nudo que a buen seguro esconde en su interior. Estar estando no siempre requiere hacer preguntas o dar consejos. Más bien significa lealtad presencial. Mantener el vínculo más allá de las palabras permite crear un espacio de cobijo para recuperar la seguridad de sentirse en buenas manos.

Al igual que en ocasiones la familia ha sido un espacio seguro y de referencia en la infancia de muchas personas, el grupo social y las amistades hacen la función de aquel refugio seguro en el que nos sentíamos en pertenencia a un sistema común. El vínculo de apego afectivo va teniendo distintos anclajes a lo largo del ciclo vital, desde la familia a los amigos, parejas, educadores, personal sociosanitario e incluso desconocidos que entran en nuestras vidas en momentos significativos e irrumpen como poleas para salir de nuestra zona de confort.

La ayuda presencial no se puede fingir porque se nota la farsa y no se produce el vínculo necesario para la ayuda. Los seres humanos nos guiamos por sensaciones y no sólo razonamientos, por tanto, enseguida nos percatamos de la empatía responsable cuando se da con honestidad. Saber que hay alguien a nuestro lado dispuesto a ayudarnos significa un buen pronóstico la mayoría de las veces. Además de recibir ayuda, es imprescindible saber recogerla y no rechazarla por desánimo o acorazamiento evitativo. La responsabilidad de utilizar la ayuda que se recibe para intentar salir del sufrimiento es sinónimo de madurez emocional y se reactiva en la relación de ayuda. El dar que se agradece con un buen recibir invita a seguir dando con esperanza e ilusión motivadora.

La autoayuda es engañosa porque necesitamos de los demás para ser comprendidos y ayudados. Podemos utilizar la psicoeducación para la comprensión de nuestros mecanismos psicológicos, pero la ayuda interpersonal es insustituible por el autoconocimiento. Estamos confundiendo a las personas con tanto mensaje positivista de psicología comercial en libros de autoayuda. La gestión del dolor mental necesita de ayuda externa y, en muchos casos, por parte de profesionales especializados en salud mental. Nadie que se está ahogando se puede autorrescatar tirando hacia arriba; necesita de un rescate externo para no morir ahogado y extenuado.

7.5 SUBIRNOS A LOS HOMBROS DE NUESTRA TRADICIÓN Y ACTUALIZAR NUESTRA HUMANIDAD

Necesitamos rescatar el cobijo de lo aprendido en nuestra tradición familiar. La familia ha sido el punto de partida en nuestra existencia y, aunque es verdad que en algunos casos ha sido desfavorable, hay muchos ejemplos de vínculos emocionales sanos que han generado vínculos saludables. Padres, madres, hermanos, abuelos, tíos, primos, son la antesala de amistades profundas que nos acompañan por el camino de la vida. Lo colectivo no es un sumatorio de individualidades sin sentimiento de pertenencia; los grupos sociales se construyen con base en propósitos vitales en común. La colectividad humana se basa en las relaciones interpersonales humanizantes y humanizadoras.

Propongo rescatar la mirada generosa y participativa ante la injusticia humana. Es de justicia participar y comprometernos ante el bien general. Mirar a otro lado como si con nosotros no fuera la cosa es signo de egocentrismo inmaduro. Dar ejemplo de implicación social desde la oportunidad más cercana es una buena referencia para imitar por quienes conviven a nuestro lado. Recuperar la educación y las buenas maneras nos ayudará a tener en cuenta al otro;

así, haremos bueno el dicho de que la originalidad es volver al origen. No podemos dejar atrás a nadie porque hacerlo es indicador de fracaso como sociedad. La juventud se siente cada vez más sola y asediada por modelos virtuales crueles donde la tiranía de lo egótico ha esquilmado las reservas virtuosas de logros humanistas colectivos.

Parece que estamos en guerra y el enemigo invisible lleva a nuestra juventud al abismo porque no estamos sabiendo ofrecer esperanza de un futuro ilusionante. Los datos estadísticos nos muestran la insatisfacción vital de nuestros sucesores como especie y ya vamos tarde para detener el genocidio adolescente. Aunque los datos del 2023 apuntan a un ligero receso en las muertes por suicidio en nuestra juventud, las tentativas no lo han hecho y los dramas personales siguen necesitando de nuestra rápida intervención.

La juventud no es una generación débil y sobreprotegida; se sienten huecos de conciencia humana y la soledad les resulta agónica. Están hartos de la comercialización de la felicidad y han sido víctimas de nuestra falta de tiempo, además del exceso de estrés. Los dejamos desprotegidos ante el incesante bombardeo de falsos iconos estéticos que los llevan a ser adictos a un reconocimiento insaciable. La valoración de la máscara y el personaje está llevando a nuestros adolescentes a vidas insoportables con acelerones de intensidad artificial y frenazos de vacío esencial. El resultado es una sociedad cada vez más egocéntrica e invisible ante las personas humanas.

Prefiero pensar que estamos a tiempo de revertir la situación e introducir en la comunicación de nuestra juventud el idioma de la cooperación social. Para conseguirlo, hablar de las tentativas suicidas es una forma eficiente de desenmascarar el ideal de felicidad fracasado para muchos.

La posvención significa hacer autocrítica de un sistema de valores que han llevado al menor a sucumbir ante el engaño del timo del paraíso.

7.6 EFECTO PAPAGENO O EFECTO WERTHER

Existe discrepancia ante el manejo informativo de las muertes por suicidio y su efecto llamada. A esto lo llamamos Werther, en alusión al joven Werther de la novela de Goethe. Pienso que *el efecto llamada o la imitación romántica tienen más que ver con la visibilidad del sufrimiento tras la muerte y el eco social consiguiente que con las ganas de morir.* El sufrimiento invisible y la situación de abandono que sufre quien está pensando en quitarse la vida necesita ser visible ante los ojos de la comunidad para obtener el reconocimiento y la dignidad rota por la indiferencia social.

Desgraciadamente la noticia en los medios de comunicación se queda habitualmente en la impresión del trauma y en las preguntas de cómo ha sucedido. El protagonismo del horror impide ver y tratar el objetivo más importante de la situación: visibilizar el fracaso de la petición de ayuda y la impotencia para aplazar la trágica decisión con el consiguiente final irreversible de cualquier oportunidad futura para el fallecido. No sabemos si quien muere descansa de su agonía y tampoco conocemos si es testigo del reconocimiento póstumo de su comunidad. Por tanto, ¿existe el efecto llamada a imitar?

Lo que se imita es el dar visibilidad a la angustia invisible y en soledad. Es por tanto aquí donde tenemos mucho que trabajar y corregir para el correcto manejo de las noticias de muerte por suicidio. Las muertes silenciadas por miedo a la imitación han sido desterradas de la prensa durante muchos años por miedo al contagio. No así la rumorología popular y el estigma social que habla a las espaldas de los afectados por la pérdida traumática. No hablar de lo ocurrido es rematar a la persona fallecida con la indiferencia y el enjuiciamiento moral, haciéndolo culpable en lugar de dignificar su final, igual que lo hacemos con todas las demás muertes sin distinción alguna.

En cambio, el efecto Papageno, en alusión al personaje de *La flauta mágica*, de Mozart, aboga por tratar el suicidio con objetivos preventivos para dar así cabida al tabú silenciado. Es una manera de generar esperanza e imitar el aplazamiento de la fatídica decisión suicida. Hablar de las ideaciones suicidas da la oportunidad de encontrar otras vías de resolución ante los conflictos. Acercarnos al tratamiento de la angustia desesperada en personas que han estado cerca de morir por suicidio nos enseña a gestionar la crisis de forma resiliente y con esperanza vital.

Preguntar por el suicidio puede salvar vidas; el objetivo es compartir con otras personas la ideación clandestina para salir del secuestro del bucle obsesivo en el que se siente atrapada la persona sufriente. Tratar el tema de la prevención del suicidio requiere mucha psicoeducación social e higiene comunicacional. No es un tema menor; la alarma social está sonando hace tiempo ante una catástrofe humanitaria tapada.

Se podría abordar desde la prensa, *mostrando historias de superación* de personas con las que los jóvenes se puedan identificar por experiencia vital similar. Las crisis vitales se pueden gestionar con alternativas eficientes, sin que tenga que ser únicamente tras el ejemplo de una tentativa suicida. Nuestra juventud está sedienta de modelos reales a seguir en situaciones cotidianas. Ya basta de mostrar identidades de plástico en las que todo es éxito y brillo; la sociedad necesita ver referentes anónimos y cotidianos en una realidad imperfecta.

También *mostrando con normalidad el fracaso*, la superación o la mediocridad compartida y entendida en grupo. El fracaso forma parte de la vida, por tanto, integrarlo en nuestra cotidianidad ayudaría a que los jóvenes no se hundieran ante él. A buen seguro imitaríamos a personas reales con vidas cotidianas y con humanas limitaciones para salir del final trágico. La vida no es una partida de videojuego de la que nos podemos salir para empezar una nueva jugada. Tenemos que salir de la cultura de usar y tirar para recuperar la tradición del arreglo y la aceptación de nuestras cicatrices como fruto de una vida vivida. Así, los medios de comunicación podrían contribuir positivamente en la prevención de la conducta suicida.

CONCLUSIONES

En el presente capítulo he marcado los criterios básicos para poner en marcha la prevención del suicidio adolescente. La intervención en crisis se puede evitar realizando un esfuerzo importante en la creación de recursos en salud mental. El sufrimiento mental desesperado que sufre gran parte de nuestra población requiere de atención urgente. Realizar revisiones psicológicas en la juventud va más allá de la orientación académica de los centros. Comprobar la estructura de personalidad y revisar los ajustes necesarios en una edad crítica salvaría vidas.

El núcleo familiar es una medida preventiva fundamental. Por eso doy importancia al tiempo de calidad y en la cantidad de este que dedicamos a nuestros hijos en cualquier edad. La comunicación presencial en las familias es una medida protectora ante las crisis vitales. Es primordial que dediquemos tiempo a estar con nuestros seres queridos; estamos atendiendo cuestiones diversas que nos generan estrés y no atendemos lo importante que queda siempre en la cola de impresión a la espera de ser escuchada. En nuestras manos está priorizar el tiempo y dedicar la parte del plato más importante a quienes queremos. No dejarlos con las migajas, fruto del cansancio y la falta de tiempo.

El grupo y la participación en actividades conjuntas es otra medida preventiva ante las crisis. Tener objetivos comunes y formar parte de propósitos deportivos, culturales, lúdicos, etc., reforzará el sentimiento de pertenencia tan necesario en la adolescencia.

Un factor clave para la imitación de referentes preventivos es utilizar las redes y los medios de comunicación de forma adecuada. Necesitamos referenciar el fracaso y la frustración como partes inherentes a la vida. En nuestras manos está tratar la soledad y la indiferencia como situaciones tóxicas para las relaciones humanas. No es necesario esperar a visibilizar la crisis vital tras una muerte por suicidio. El efecto llamada de la noticia trágica lo evitaríamos si visualizamos mucho antes el sufrimiento mental invisible. Las noticias de dolor mental, soledad e indiferencia humana nos ayudarían a normalizar la vida normalmente imperfecta, estimulando la conducta prosocial.

Recuperar la pausa y el silencio como antídotos a la crisis de ansiedad en la que vive la adolescencia. El vacío humanista ha dejado una enorme grieta por la que se cuelan los cantos de sirena. Imitar personajes idealizados y alejados de la realidad cotidiana sólo lleva a la decepción. Por ello, la generación de la ansiedad cae irremediablemente en la intolerancia a la frustración y busca el placer inmediato.

¡Ojalá salvemos a nuestra juventud de la tentación suicida, porque nuestro futuro está en sus manos!

9. EPÍLOGO Y
TESTIMONIOS REALES

La prevención del suicidio en la adolescencia es un asunto urgente que requiere intervención inmediata. He analizado los indicadores de riesgo y las causas que tener en cuenta, además de diferentes recursos para hacer frente a la crisis. He dado voz al protagonista de la tentativa suicida, sin olvidar a la familia, entorno social y educativo. También me he adentrado en la rehabilitación psicológica y he descrito diferentes recursos psicoterapéuticos.

La psicología evolutiva nos muestra el camino que seguir en la evolución humana del tomar conciencia. En este sentido, estamos en un momento histórico muy egocentrista, en el que necesitamos madurar para trascender nuestro yo y aprender a ver a los demás. Por eso he hecho mucho hincapié en la soledad social y en la indiferencia que padece gran parte de nuestra población cuando sufre por los motivos que sean. Nos realizamos como personas a través de los otros, y eso significa que dar es recibir para crear una sociedad fraterna y que no debemos dejar a nadie solo. Tan sólo es suficiente un gesto o una mirada para conseguir que la persona se dignifique como ser humano.

Entre todos podremos ayudar a que nuestra juventud retome la esperanza de seguir viviendo en los momentos difíciles, porque con ayuda es posible conseguirlo. La salud mental no es una cuestión opcional en una época en la que la adolescencia nos pide ayuda a gritos; la hemos dejado sola en el hueco del corazón que antaño ocupaban los objetivos comunes e ilusionantes de una sociedad en crecimiento. El sufrimiento psicológico no es queja y falta de madurez; es más bien reflejo de soledad e invisibilidad criticada.

Quiero terminar el libro dando voz a testimonios de realidades diferentes ante situaciones de suicidio. He decidido incluir distintas edades porque las tentativas suicidas no distinguen años ni momentos vitales. También quiero dar visibilidad a diferentes colectivos que sufren el inmenso dolor de las muertes por suicidio. En cada uno de los mensajes se destila un grito de esperanza ante el susurro de la desesperación suicida. La alternativa al dolor en soledad es pedir ayuda y encontrar una mano firme y segura para salir del pozo con determinación. Trabajemos juntos por la ayuda de quien vive atrapado en el sufrimiento y necesita nuestro auxilio.

TESTIMONIO 1

Cuando Patxi me pidió que escribiera mi historia para incluirla en su libro, sentí una mezcla de orgullo y responsabilidad absoluta. Estas líneas no guardan ninguna pretensión especial, únicamente mostrar que el suicidio es algo que nos atañe a todos como parte de la sociedad que somos. Por mi profesión, la muerte, sus circunstancias y consecuencias no me son ajenas ni extrañas; uno aprende a lidiar con estas situaciones, siempre desde un punto de vista humanista, pero desde la comodidad que da la distancia de no ser actor principal de estas vivencias. No obstante, el destino tenía otros planes para mí, y un día, los papeles se invirtieron y me convertí, sin desearlo, en la protagonista de mi propia historia.

Un amigo del alma, un amigo con el que dialogaba todos los días, se suicidó. Se quitó la vida a menos de tres metros de mí y, cuando fui consciente de lo que había ocurrido, ya fue tarde; la desesperación y las maniobras de reanimación sólo permitieron prolongar unos días más el diagnóstico de muerte encefálica hasta que la desconexión a todo aparato permitió finalmente su ansiado descanso. En ese momento fui más consciente aún del dolor de todas las familias con las que trato a diario. Estaba en primera fila, y el telón se cerró, dejándome atrapada en una vorágine de sentimientos donde predominaba fundamentalmente la culpa. Culpa por no haberme dado cuenta de la situa-

ción, culpa por no haber hecho algo antes, culpa por no haber llegado a tiempo. Las preguntas sin respuestas resonaban una y otra vez dentro de mí. El miedo y la caída al vacío oscurecieron cualquier resquicio de luz.

En esta situación, los que me quieren no dudaron en ayudarme y me pusieron en manos de un gran profesional. Os puedo asegurar: lo transformó todo. Me enseñó a aparcar la rabia y dar paso al recuerdo agradecido; apaciguó mi culpa y aprendí a vivir nuevamente, con menos dolor, menos carga. Cuántas veces he deseado que la ayuda profesional que recibí yo en ese duro momento, como posvención, la hubiera recibido él cuando las sombras lo acechaban, como prevención. Cuánta falta nos hace dar un paso adelante en la salud mental.

El desafío añadido para mí fue poder seguir haciendo mi labor profesional, y os puedo asegurar que, desde entonces, la comprensión de las miradas de las familias sumidas en su dolor es más profunda si cabe, y mi objetivo es estar ahí, para entender, acompañar y mostrar que se puede continuar, porque como decía la película: «La vida a veces duele, a veces cansa, a veces hiere. No es perfecta, no es coherente, no es fácil, no dura mucho; pero, a pesar de todo, la vida es bella».

P. R.

TESTIMONIO 2

Al estar muchos años encerrada en mi propia mente, llena de tormentas, pensaba que toda mi vida sería así, y es por eso por lo que no veía otra salida que el suicidio. Para mí era un nudo enorme, lleno de enredos pequeños, y no veía ninguna manera de arreglarlo. Pidiendo ayuda y sobre todo dejándome ayudar, pude ir soltando todos esos rompecabezas que me ataban a ese horrible malestar. Llevó mucho tiempo, pero por fin empecé a ver que era capaz de salir de ahí y de romper esos muros imaginarios que construí durante tantos años. Desde que me deshice de los problemas más grandes que tenía, adquirí muchas herramientas para el día a día y aprendí trucos que me ayudan sobre todo a prevenir el volver a esa cárcel en los momentos más difíciles. Estoy superagradecida con la gente que me ayudó y sobre todo conmigo misma por haber conseguido hacer el trabajo que hice cuando más hundida me sentía. De verdad creo que lo que fui capaz de hacer yo lo puede conseguir cualquiera.

M. A.

TESTIMONIO 3

Puedo decir, en mi caso, que el intento de suicidarse es un proceso. El alcohol y el hachís me dañaron el cerebro. Pasé de un año de alegría, libertad y euforia máxima a conocer lo que es el hundimiento, la tristeza, el bloqueo mental, el mutismo y las ideas muy negativas. Mi caso ha sido este:

Salgo a estudiar fuera, me independizo, empieza un año en el que todo son novedades y en todo este proceso empiezo a fumar y a beber. No me hace bien y a mitad de curso sufro una depresión que me hace pensar que la vida no vale para nada (habiendo estado en una forma física y mental muy buenas). Cada vez la carga negativa va entrando más en mí y llega un momento en que ni hablo con el amigo con el que comparto el piso, ni salgo de mi habitación, ni acudo a clase, ni a mis entrenamientos. Por último, fui capaz de mirar qué formas hay de suicidarse. Me decanté por el veneno (raticida). No fue suficiente, pero porque estaba aterrado. Aquí empieza el proceso de ingresos hospitalarios, que me dura unos cuatro años, y a base de esfuerzos propios, más el apoyo familiar incansable y el trabajo de mis profesionales, salgo adelante en la vida, y doblemente orgulloso, ya que mi primer trabajo ha sido cuidar a personas con enfermedades mentales.

Nunca hay que rendirse.

A. F.

TESTIMONIO 4

Viendo el auge que en los últimos tiempos ha tenido el suicidio y los problemas de salud mental, me veo en el compromiso de mandar (bajo mi humilde experiencia) un mensaje de ánimo y un gran abrazo a todos aquellos que estén padeciendo este problema «social», que nos incumbe a todos.

Yo soy un chico de cuarenta y siete años, y hace seis me diagnosticaron una enfermedad rara, crónica y progresiva, que no tiene tratamiento alguno. A raíz de ello caí en una profunda depresión. No encontraba salida, me sentía culpable de haber roto la vida de mi mujer y mis dos hijas pequeñas, hasta que un día entré en bucle y tuve un intento de suicidio (por ingesta de pastillas) que por suerte salió mal. Ese fue mi punto de inflexión. Comprendí que necesitaba ayuda profesional, familiar, de amigos...

Gracias a la terapia (individual y grupal) y el cariño de mis seres queridos, salvé la vida y hoy estoy aquí contando mis vivencias. Con esto quiero decir que siempre hay una salida, pero para ello lo primero que hay que hacer, si tienes pensamientos suicidas, es pedir ayuda y contarlo a quien sea. Siempre hay un ángel que te ayuda.

Dicho esto, un fuerte abrazo y todo mi cariño a todas las personas que estén en esta situación.

¡Ánimo y a por ello!

J. L.

TESTIMONIO 5

Soy M. R. y soy superviviente de suicidio. No quiero esconderme detrás de unas iniciales por todas las personas que se fueron sufriendo en silencio, dejando familias rotas. Para todas las familias que hayan sufrido una pérdida tan terrible, les puedo decir que yo no quería morir, sólo dejar de sufrir ese dolor tan intenso que te incapacita para todo.

Hoy, gracias a mi terapia, soy otra persona muy diferente a la que fui. Aprendí a quererme a mí misma, a decir que no cuando algo no me apetece. Ya no me permito ser mi peor enemiga. Ahora disfruto todo lo que puedo, de la paz de la naturaleza, de buena música, he vuelto a engancharme a la lectura, pero sobre todo volví con mi familia; esto es lo mejor de todo, reír con ellos, estar ahí cuando me necesitan.

En mi terapia, mi psicólogo utilizaba muy frecuentemente una frase que define muy bien mi proceso y es: «Y tú te lo querías perder». Pues sí, para todas esas personas que sufren, que sepan que hay muchísimas cosas y momentos que no se pueden perder. Quiero decirle a toda esa gente que esté pasando por ese proceso tan duro que por favor no se rindan, que hay luz después del túnel.

M. R.

TESTIMONIO 6

En la vida nunca piensas que puedas sobrevivir a un hijo y menos de una manera trágica y cruel como fue nuestro caso, pero ocurrió. Nuestro hijo se suicidó dejándonos sumidos en un caos, shock, *vacío y sufrimiento. El mismo día del suceso tuve claro que tenía que buscar ayuda profesional para sobrellevar aquella situación. No es fácil, pero hay que seguir adelante. Además, tienes más familia y gente querida que está ahí para ayudarte, y por ellos hay que avanzar. Después está el miedo y la vergüenza de salir y enfrentarte a la sociedad, pero tienes que ponerte las pilas y seguir. Quisiera también decir que ojalá sirva de algo el hablar del suicidio con naturalidad, pues, después de muchas preguntas sin respuesta, me he convencido de que nuestro hijo y hermano estaba enfermo.*

M. M.

TESTIMONIO 7
(Testimonio traducido del euskera)

Soy un hombre de sesenta y tres años que se separó hace cinco años motu proprio. *Volví a la casa donde nací, en mi pueblo. La soledad en casa y la elevada pensión que tenía que pasar a mi exmujer hicieron que entrara en depresión severa. No le veía sentido a la vida y estaba a diario luchando contra mi cabeza pensando en suicidarme.*

Un día ya no podía más y en lugar de coger la escopeta cogí el teléfono para llamar a mi hermana pequeña y contarle mi situación. Enseguida vinieron ella y mi cuñado, pasaron todo el día conmigo y me tranquilizaron.

Entonces decidí ponerme en manos de Patxi; en el pasado me ayudó en terapia y salí reforzado. Empecé a sentirme mejor, aunque la palabra «suicidio» me creaba un miedo terrible, fuimos tratándolo. Al año, Patxi me llamó para iniciar una terapia de grupo con otras siete personas y, aunque en principio no me veía en la necesidad de trabajarlo, me dijo que me vendría bien para cerrar la herida que aún no había cicatrizado. Le dije que sí y me di cuenta de que tenía más necesidad de la que creía. Espanté los fantasmas, mejoré la autoestima y aprendí a ver la vida desde otra perspectiva.

Mi consejo para quien se encuentre en una situación similar es que no espere sufriendo y piense que con el tiempo se pasará. Pedir ayuda a alguien de confianza en primer lugar y luego poneos en manos de un psicólogo. A mí, el deporte también me ha ayudado mucho.

Doy las gracias a las personas que me han ayudado a salir del agujero. Mis dos hijas maravillosas. A mis tres hermanas y cuñados, que me han ayudado mucho tanto económicamente como anímicamente. A mi cuadrilla del pueblo. Y a Patxi, Ane y mis siete amigos ilargitarrak, *que me acompañaron en la terapia de grupo.*

I. J.

TESTIMONIO 8

Todavía.

He vivido épocas complicadas a lo largo de mi vida, donde convivía con una ansiedad palpitante que no lograba canalizar. O una depresión confusa que no lograba comprender. ¿Por qué a mí? ¿Qué me está pasando? Si debería ser feliz… Pero nada tan intenso como aquella semana. Una enfermedad en las entrañas que no remitía y una medicación que alteraba mi consciencia (dosis máxima de corticoides) fueron demasiado para mí. Demasiado dolor. En el presente y en el futuro. Jamás volvería a ser feliz, y ya lo había sido. Por qué no darle un final.

Y ahí aparecieron ellas. Mi pareja y mi madre. Lloré muchísimo, puro bálsamo. Pero había que recuperarse todavía, salir del túnel. Gracias a la terapia, a la medicación para la ansiedad y al calor de pareja, familia y amigos logré darle la vuelta. Y menos mal.

Ahora soy feliz. La enfermedad controlada; la ansiedad y la depresión, recuerdos lejanos. Una nueva vida en mi vida, mi hija. Han pasado años, años muy buenos. Años que se decidieron en aquellos días. Me pidieron que esperara, que me diera tiempo, que no lo hiciera «todavía». Y todavía no lo he hecho. (Ese «todavía», al principio muy presente, ya se esfumó y se convirtió en un «nunca», en un «no me interesa», pues la angustia se desvaneció y se apoderó en mí la ilusión por lo que todavía queda por vivir).

M. T.

TESTIMONIO 9
(Testimonio traducido del euskera)

Patxi me ha pedido que escriba unas palabras de esperanza y aún no sé si soy la persona más indicada para hacerlo; es verdad que me acerqué demasiado al precipicio, pero a menudo dudo de si he logrado alejarme del todo del mencionado abismo… Pero con la ayuda de Patxi he logrado darme cuenta de muchas cosas y abrir los ojos para mirar la vida de una manera que antes no podía.

Es arriesgado estar dominada por la tristeza. Si estás atrapada por la tristeza, toda tu energía se contagia de ello y buscas soluciones pequeñas, cambios pequeños, cuando en realidad está todo por cambiar. Dejar una relación de pareja no puede llevarnos al precipicio, aunque tengas hijos y sea un momento muy difícil. En mi caso, parecía que no iba a poderlo hacer de una forma adecuada y tuve la suerte de encontrarme en el camino con Patxi, que me dio luz para alumbrar el camino. Tras dejar la pareja y soportar la pesada carga de la ruptura familiar, pude darme cuenta de que podía redirigir la energía envuelta en la tristeza hacia los propios hijos, otros familiares, amigas… y darme cuenta de que no estaba tan sola como creía.

La tristeza y el dolor no te dejan ver bien tu entorno y te ciegan en la posibilidad de ver otras opciones, por eso es importante mirar bien. Enfrente siempre tendremos opciones que nos puedan acercar a la felicidad. Poder identificarlas no es fácil cuando toda nuestra energía está mirando al fango.

La posibilidad de abandonar la vida siempre se puede aplazar, por tanto, busca ayuda, prueba con personas diferentes y luego ya se verá. Comparte tu dolor y tu tristeza. Contárselo a alguien te aliviará, pese a que no desaparezca tu dolor. Aunque aún no hayas encontrado a la persona adecuada y no sepas a dónde acudir, continúa buscando, porque la encontrarás. Y cuando menos lo esperes aparecerá el hilo o los hilos que te conecten a la vida. Todas sufrimos de diferente modo y tendemos en muchas ocasiones a guardar en nuestro interior dicho sufrimiento, y eso nos acaba quemando. Prueba a compartirlo y si no es suficiente pide ayuda profesional.

Yo he tomado antidepresivos durante un tiempo y reconozco que no los quería consumir. ¿Y qué es mejor? ¿Por no tomar unas pastillas, dejar de vivir? Pues eso… Busca ayuda y date tiempo, porque no le darás la vuelta corriendo y con prisas, pero con paciencia y tranquilidad llegará la calma.

Porque los días siempre amanecen. Cuando dicen que la vida merece la pena, nosotras también merecemos sentir dicho placer. ¡No te quedes al menos sin hacer la prueba!

I. A.

TESTIMONIO 10

No sé por qué a las personas, sin generalizar, cuando estamos depresivos, ansiosos o decaídos nos cuesta reconocer o declarar lo que nos está pasando, o bien por qué no sabemos lo que nos está pasando en ese momento. En mi caso no fue así porque yo veía que cada día estaba peor, gracias a mi mujer, que tuvo la iniciativa de actuar debidamente, porque yo no era capaz de tomar ninguna decisión.

He tenido un caso cercano y, hablando con esa persona, yo mismo me di cuenta de que estaba cruzando una crisis de este tipo. Le comenté que no debiera tener ninguna vergüenza ni miedo a asistir a un psicólogo, psiquiatra, etc. Él me contestó que no confundiera las cosas. Por eso digo que a veces nos cuesta reconocer.

He pasado por esta enfermedad mental, que es muy traidora. He asistido a psicólogo, psiquiatra, médico de familia y me he sentido muy comprendido y arropado. Por eso digo que no se debe de tener ningún miedo ni vergüenza para pedir ayuda lo antes posible, porque, si no hubiésemos tomado las decisiones debidas a tiempo, esto podía haber terminado en una tragedia. Ahora me doy cuenta de que todo tiene solución, y la faena que podemos hacer a nuestros seres queridos. Por eso recomiendo que ante cualquier síntoma psicológico debemos actuar o pedir ayuda lo antes posible.

Anónimo

TESTIMONIO 11

El día siguiente de la muerte por suicidio de mi hermano Iñaki fue una lección en sí misma. El sol asomaba por la ventana, el tráfico renqueaba perezoso en su rutina, los niños esperaban el autobús del colegio con su incombustible energía… Hasta algún gorrión se animaba a asomarse aquel primerísimo día de primavera. Sin embargo, para mí se había paralizado el universo. Cada poro de mi ser sangraba, quería gritar, arañar, romper, correr, desgarrar ese mural de oscuridad que se extendía allá a donde mirase.

Y es que no existe mayor presencia que la ausencia de un ser querido. Ese agujero lo cubre todo, se extiende como un tumor, te martillea constantemente y te recuerda que esa persona ya no está.

En ese punto se inicia ese viaje personal que cubre el paso de multitud de emociones: rabia, culpa, tristeza, apatía… Son emociones con una gran carga, nuestros compañeros en el duelo, pero muy necesarios para que esa herida vaya sanando. Y ese camino que se siente oscuro y solitario nos da la oportunidad de pedir y dar ayuda.

Y, como dador de esa ayuda, Patxi nos brindó (digo «nos» porque la relación con Patxi nació en un encuadre familiar) ese primer sostenimiento, que a lo largo del tiempo y de la terapia ha permitido integrar y transcender el trauma que supuso la muerte de mi hermano.

Trece años después, Iñaki sigue estando muy presente, quizá con algo de dolor, pero ya sin sufrimiento, pero sobre todo con mucho agradecimiento de los veintidós años que compartimos. Hoy en día, mi hermano sigue ocupando un sitio privilegiado en mi corazón, sintiéndolo partícipe de los acontecimientos que me va deparando la vida.

M. A.

TESTIMONIO 12

Milano

«Sis, me voy a la cama. Hoy ha sido un día malo».

«Bueno, descansa, mañana seguro mejor».

Aquella mañana, Mikel se levantó temprano. No podía dormir. Un día más se encontraba mal. Fue a la cocina, se tomó un vaso de leche y perdió la esperanza. Son las 11:30 del 23 de mayo de 2021. Un milano vuela libre (el bro).

Soledad, rabia, miedo, culpa, angustia y alivio. Así comenzó mi duelo, con una avalancha de emociones y la vida abriéndose paso a un ritmo vertiginoso. Gracias a mi hermano conocí a Patxi, Ane y mis queridos ilargitarrak, que me ayudaron a desenredar ese gran ovillo y a bailar sobre aquel abismo, mientras tejíamos juntos una red a nuestros pies. Entendí que mi hermano decidió marcharse porque no quería sufrir más, que murió de suicidio por una enfermedad mental. Lo abracé y perdoné. Comprendí que todo lo que hice fue suficiente, que se fue agradecido. Me perdoné.

A lo largo de estos años he ido aligerando mi mochila, ordenando mis enseres y dejando por el camino aquello que me pesaba demasiado. He aprendido a cuidarme y mimarme para así cuidar y mimar a los míos. A sentirme bien por hacerlo. He aprendido que no sobra ni un te quiero y que los abrazos hay que darlos fuertes. He aprendido que pintarme los labios de rojo y sonreír mucho me hace bien. Que hablar de mi hermano me lo acerca a la vida.

Hoy camino con él. Miro al cielo y lo veo, Milano. Vuela alto y libre, porque él así lo decidió. Y le seguimos queriendo aún más si cabe.

M. M.

TESTIMONIO 13

Debo confesar que estoy abrumada y emocionada desde que Patxi me comunicó que pensó en mí para contar mi relato en este libro, al que él ha dedicado la profesionalidad, el cariño, la humildad y tanto humanismo que lo caracterizan. («A., tu mensaje puede ser esperanzador», me dijo).

Hace más de treinta y cinco años, mi tío, mi padrino, se suicidó. Estaba enfermo, sí, enfermo. Hace más de dieciocho que mi suegra se suicidó. También muy enferma. Porque como bien dice Patxi hay enfermedades que matan. Estaban en tratamiento con mucho amor y cariño al lado. Sus pérdidas fueron durísimas. Los quería mucho.

Yo me intenté suicidar hace ahora más de diez meses. Durante veinte años he padecido ansiedad, más de una depresión, pero con mucho cariño, amor, paciencia y ayuda profesional he salido adelante. No todos ni todas la tienen. Debo confesar que nunca tuve pensamientos suicidas en mis episodios de ansiedad y depresión. Nunca hasta septiembre del 2023. Este año tuve dos ingresos psiquiátricos. Del primero salí más fortalecida de lo que entré, creo. Del segundo vine a casa con mucho miedo y bastante asustada. En los dos casos con tratamiento. Después de la segunda alta, pronto empecé a quedarme en la cama (mi refugio y cárcel), dejé poco a poco de salir de casa. Cama y sofá, pura supervivencia. Me cuidaban muchísimo.

Dos meses después de la segunda alta, una noche tomé cuatro cajas de pastillas. Les di un beso y un abrazo a mi marido y a nuestra hija. Escribí una nota diciendo que los adoraba, que me perdonasen si podían. Por la mañana me despertaron los dos llorando, agarrándome de la mano. Yo, llorando, les dije: «Perdonad, no lo quería hacer. No sé lo que me ha pasado».

Fui en ambulancia consciente a urgencias. Lavado de estómago y volvimos a casa. «Ama, A., tranquila, te vas a curar, te vamos a ayudar. Vas a salir de este pozo tan grande». Fue durísimo para mí, pero, cómo no, para mi marido (mi compañero de vida y viaje durante más de treinta años, el mejor para mí), nuestra hija, tesoro (mi todo), mi hermana, mis aitas, sobrinas y sobrinos, familia, cuadrilla, amigos y amigas de los de verdad. He sentido su cariño y amor.

A los dos días del intento tuve mi primera sesión de psicoterapia con Patxi junto con mi marido y una semana después nuestra hija. Delante de los dos, después de escucharme atentamente, me dijo: «Tienes más miedo a vivir que a morir». Me planteó una terapia grupal (responsabilidad, confidencialidad y compromiso). Acepté. Ha sido una experiencia dura al principio, porque estaba fatal. Pero al mismo tiempo brutal, sanadora y emocionante. Ya ha finalizado con una despedida brillante y humana. He tenido terapias individuales. En ocasiones con mi marido y nuestra hija. Sigo en tratamiento farmacológico y en septiembre volveré a las sesiones de psicoterapia.

Llevo casi tres meses viviendo el día a día con ilusión, con días mejores y peores, ocupándome de la vida. Os lo cuento con muchísima cautela. Pero es así como me siento. El camino ha sido duro para mí, pero también para los que más quiero hasta que veía que su salud también peligraba. Vi una luz en la primera sesión de psicoterapia. Pequeña pero la vi. Acudí por recomendación de mi psiquiatra, a quien se lo agradezco.

Abrazo fuerte a todas y todos los que estáis enfermos, que lo estáis pasando mal, allegados y familiares, sanitarios y sanita-

rias, a los que habéis perdido a un ser querido víctima de suicidio. Se puede salir. Pedid ayuda si podéis.

Humildemente creo que se está avanzando en la visualización de las enfermedades mentales. Aun así hay mucho por hacer. Desde la corresponsabilidad, rememos todas y todos juntos, desde casa, familia, escuelas, asociaciones, etc. Más recursos, menos estigma y morbo, empatía en esta sociedad bastante individualista en mi opinión. Por último, respeto absoluto a las y los que se han suicidado. Creo que no querían morir, querían dejar de sufrir. Ánimo y muchísimas gracias.

Julio, 2024

A. A.

TESTIMONIO 14

Perdí a mi padre por suicidio. No estaba bien, pero nunca supimos de sus intenciones. Tres días antes parecía que estaba mejor que nunca. Él no pidió ayuda y no pudimos hacer nada.

Mi hermano intentó suicidarse, pero no lo consiguió. Antes del intento estuvo tres veces en urgencias contando su malestar y sus ideas suicidas, pero lo mandaron a casa. No hay que mirar a otro lado. Hoy día está estable, gracias a una medicación ajustada.

Si estás pensando en el suicidio, pide ayuda. Con ayuda se sale. Bihar ere argituko du («Mañana también amanecerá»).

¡Mucha fuerza para todos!

I. B.

TESTIMONIO 15

Desde que enfermé, hace más de cuatro años, me encuentro encerrada en mi nuevo cuerpo. Mi nuevo cuerpo se llama Dolor. Frida Kahlo tuvo un perro que también se llamaba Dolor. Nietzsche, al contrario, decidió llamar Perro a su dolor. Yo no puedo despojarme de él. No me refiero a mi perro, que me ofrece más amor que muchos humanos, sino al dolor. Y también a mi cuerpo. Me refiero a que no puedo desprenderme ni del dolor ni de mi cuerpo.

Cuando me duermo deseo no despertarme. Lo siento. Cuando me despierto, es como si me hubiera convertido en un contenedor de palizas trasnochadas y magulladuras derramables. Me es imposible levantarme y deseo dormirme otra vez. Y ojalá no despertarme, porque nuevamente viene lo mismo, y después, lo mismo. Y lo siento; de verdad, que lo siento. Siento mucho sentir esto, por el dolor que le pueda generar a la gente de mi entorno. No deseo desear ni sentir, porque no me sirven para vivir; de hecho, vivir dentro de este cuerpo ya no es vivir. Es pura supervivencia. Durar. Ser el botón perpetuo de «Stand by»; un durar por durar.

No encuentro ningún entorno donde me pueda quejar, expresar lo que siento, llorar. Hay quien no quiere empatizar; otros no pueden. La gente ni siquiera quiere escuchar, sólo quiere ser escuchada y hablar. La tristeza despierta en el otro una autodefensa; diría que se trata de una respuesta totalmente reptiliana: huir o luchar. Por lo que, ante tu tristeza, o bien se escurren o te atacan. Siempre digo que las matemáticas nunca engañan, pero pueden ser contradictorias: las sumas son restas multiplicadas. Con esto quiero decir que recibo la misma tristeza que quería compartir (en busca de un pequeño alivio, amor, aliento) multiplicada por diez y con el vuelo de un bumerán, directamente hacia mi pecho, donde alguien ha colocado una máquina tragapenas llena de luces y música atrapante, al igual que si fuera una verdadera tragaperras de un hotel malparado de Las Vegas. Así voy sumando aún más tristeza.

Después está lo que he recibido por parte de muchos médicos, convirtiéndome al entrar por la puerta de la consulta en la cuenta atrás de mis tan esperados diez minutos, durante los cuales he tenido que ir demostrándoles, siguiendo un estricto método científico-empírico, que, efectivamente, me encuentro enferma, hasta que al fin, como naturalmente era de esperar, tras años de empeoramiento y un largo dejar estar, me hayan creído. Está lo del papeleo y gestiones que a cuentagotas han terminado insinuándome que, como ya no soy productiva para la sociedad, me las tengo que arreglar como sea para sobrevivir. Gestión tras gestión, para que el resultado sea un NO y más gestión. Me acuerdo de una viñeta de Mafalda, donde decía que quería que se parara el mundo y bajarse de él, como si el planeta fuera una atracción giratoria de una feria. Lo mismo me pasa a mí. No creo en este sistema, que, en vez de ayudar a una persona enferma, es capaz de castigarla. Y así, dejando pasar el tiempo, de ser una persona enferma, he pasado a ser una persona enferma precaria. Y con todo, por pura inercia, me arrastro por este mundo tan hostil, con la única esperanza de que los astros o el universo me puedan ir concediendo el suficiente tiempo y fuerza como para poder sacar adelante a mi hijo, por lo menos hasta que alcance la mayoría de edad y pueda gestionar mejor ¿mi ausencia?, ¿mi deterioro? No lo sé.

Por eso digo que cuando relacionan el suicidio con la salud mental, diría que el problema trasciende de lo mental. Basta ya de poner el foco sobre el paciente y dejar que caiga toda la culpabilidad en él. El problema es, y lo digo con total convencimiento, social. Relaciono el suicidio con un sistema social totalmente insano e ignorante que abandona a la persona en su vulnerabilidad. Un sistema social que, en vez de abrir soluciones, obstaculiza y encierra en la más inerte soledad; en un habitáculo sin ventanas (como mucho podrá tener alguna rendija). Creo que es hora de empezar a hablar de la «salud social».

Desde que tengo uso de razón, me he pasado toda mi vida estudiando: dos carreras universitarias, posgrados, especialidades, cientos de cursos de formación continuada, oposiciones, siendo extremadamente exigente conmigo misma, y honestamente, con mucho esfuerzo, he conseguido ser académicamente brillante. Nadie las declara, pero parecía que eran esas las instrucciones que seguir, casi tan claras y fidedignas como las de Ikea: si eres buena estudiante podrás acceder a la profesión que deseas, un buen trabajo, un sueldo digno, una buena jubilación, ¿y luego, qué? Eso sí, tengo que reconocer que me gustaba mi trabajo; era mi gran pasión. Amaba la enfermería; cuidar de los demás, y ayudar a la gente en todo lo que pudiera. Todavía lo hago. La amo. También escribía poesía, dibujaba, tocaba la guitarra, iba a clases de canto, etc. Veinticuatro horas me quedaban escasas para todo lo que quería realizar. Sin embargo, todas estas actividades eran añadidas a lo que era, y aún es, verdaderamente prioritario en mi vida: la crianza de mi hijo. Mi hijo. De llevar una vida ajetreada pero feliz junto a él, pasé de un día para otro a ser una persona con una enfermedad crónica degenerativa multisistémica y totalmente desconocida, sin que se sepa todavía cuál va a ser la evolución y el desenlace; pasé a ser una persona que no es capaz de realizar nada (ni siquiera tengo energía para hacer una simple digestión sin marearme). Soy, y no digo «estoy», incapacitada para realizar prácticamente todo, y termino tumbándome de manera urgente en la cama, haciendo nada. Voy, sin ir a ningún sitio, mendigando ayuda. Resumiendo, no tengo descanso dentro de este cuerpo. Tendría que dejarlo y salir de él para poder descansar, y todos sabemos lo que esto significa. Soy incapacidad. Soy también miedo. Soy soledad. Soy mucho miedo. Y el miedo siempre está, y se cuela como una densa neblina, que se solapa poniéndose por delante o por detrás.

Un día, debió ser así, dejé de lado mis creencias, esperanzas o incluso la fe. No me atrevo a decir que aquel día toqué fondo, porque cada vez que digo eso, «He tocado fondo», descubro que todavía queda aún más fondo que rastrear. No era la primera vez que, teniendo como únicos testigos las paredes de mi habitación, empecé a fantasear con rendirme e imaginarme cómo sería ser tan sólo un hueco, cuando de repente tuve una certeza. «Ya no estás sola», me dijo, y así fue. Supe que ya no estaba sola. He pasado toda mi vida mirando para fuera, como si la solución pudiera venir de tierras ajenas; no obstante, aquella voz templada nació desde dentro, como si me impregnara de un bálsamo de sosiego y seguridad.

He oído consejos muy baratos, siendo totalmente consciente de que pretendían ayudarme, pero, lejos de ayudar, me creaban el efecto contrario; me culpabilizaban y me martirizaban, y me llenaban de miedo e inseguridad. Se me comparaba con tal, que, a pesar de haber pasado por un ictus, consiguió curarse; equiparaban mi dolor con el de aquel otro, que, a pesar de lo que le pasó, nunca se victimizó (que, por cierto, hemos llegado al punto de satanizar a la persona que haya podido sentirse víctima en algún momento de su vida), y consiguió empoderarse de tal manera que actualmente se encontraba ayudando a muchí-

sima gente con su testimonio. Se me intentaba animar transmitiendo que tenía que comportarme como todas estas personas que han conseguido autosuperarse. Otros me decían que, por ejemplo, lo de los mareos sería por el mero hecho de que hacía calor, y que el dolor de estómago sería porque algo me habría sentado mal, sin más, y que ellos también se encontraban mal, muy mal, casi tan mal como yo, y que también estaban sufriendo mucho por lo de mi enfermedad. Todas las voces externas, incluso los silencios (ni tan siquiera preguntarme un «¿qué tal?» por cordialidad y respeto, evitaciones, negación, no dar cabida a mi sufrimiento, etc.), me hacían mucho daño. Por un lado, ante la incomodidad que genera tener una conversación con una persona enferma, mucha gente tiende a subestimar la enfermedad del sufriente (a quitarle hierro al asunto), y por otro lado pienso que de manera inconsciente se tiende a desautorizar la manera de llevar la enfermedad que tiene el enfermo, así como sus sentimientos, su duelo, la tristeza. Y es justo ahí cuando aparece de nuevo ella: la culpa.

Yo buscaba fuera, pero la llave la tenía dentro. Si nadie me entiende, me tendré que entender yo misma, ¿no es así? Se lleva mucho y queda guay, eso de que la pregunta correcta que realizar ante un infortunio no es lo de «¿por qué me ha pasado esto a mí?», sino lo de «¿para qué me ha pasado esto a mí?».

Sinceramente, reconozco que la pregunta que me ha ayudado a mí (y ojalá pueda ayudar a alguien más) es la siguiente: «¿Con quién? ¿Con quién me está pasando esto a mí?». Tengo claro que, en la dimensión mundana o en la dimensión material, tanto en la enfermedad como en la muerte estamos completamente solos (también en el nacimiento). El que tiene dolor es él, el que tiene dolor; el que muere es él, el que muere. Sin embargo, espiritualmente, nunca estamos solos ni lo estaremos. Así lo pienso, y es aliento y consuelo; y más allá, todavía me consuela más el hecho *de saber que lo verdadero es lo espiritual (y la verdad os hará libres), por lo que es precisamente en lo verdadero donde nunca estaremos solos. Otra cosa es que, como humanos, no podamos percibir lo que está más allá de nuestros pobres sentidos. Pero el que no podamos percibir no significa que no exista. Al igual que las hormigas no se enteran de que los estamos observando, ¿acaso no es posible que seamos hormigas bajo la presencia de Dios?*

Pasé de la ira a la paz. Pasé de querer volar encima de un dragón rabioso para que, a la orden de «Dracarys», dejara ardiendo todas las camas del planeta, al estilo de Daenerys Targaryen en la serie de Juego de Tronos, a querer desear y mirar a mi muerte, como algo hermoso y lleno de paz; como el camino de vuelta, lleno de lirios blancos, para regresar, por fin, a Casa, y reunirme con mi Padre, único conocedor del verdadero Amor al que tanto añoro aquí abajo, donde todo pesa tanto. Pasé a querer sentirme alma sin cuerpo, alivio instantáneo; una luz ligera, que respira paz, y a la vez, mil jardines de felicidad. Sí; veo a la muerte como el paraíso, tal cual se lo dijo Jesús al buen ladrón cuando se encontraba clavado en su cruz: Yo te aseguro que hoy estarás conmigo en el paraíso. Pero he de matizar que esta paz que quiero transmitir me vino de poder entender que la muerte, por mucho que se desee, o por tanto miedo que pueda generar, no está en nuestras manos. Entendí, y así quiero que sea, que mi muerte venga cuando así tenga que venir. Entendí que debo aprender a aceptar (se dice rápido y fácil para lo difícil que es) y a dejar de querer controlar mi vida. Sé que debo dejar todo, mi vida, en sus manos. Sentirme alma. Renunciar al «quiero», al «deseo», y aceptar. Abandonarme a la voluntad del Padre; a las corrientes de las leyes universales que median en todo lo que nos pasa, hasta en la hoja del árbol que baila al leve soplo del viento. Dejarme y confiar. Eso es lo que tengo que hacer. Así me dije y me digo en mis horas más amargas. Y es así cómo consigo un poco de alivio y paz. Y a medida que he ido soltando las riendas, y sabiendo que debo aceptar, todo aquello que vaya a ser en lo que me encuentre allá, en la tierra donde mi caballo tan cansado y huesudo me deje, he delegado todas mis presiones, pretensiones, acontecimientos en la misma vida. «La paz os dejo, mi paz os doy». No era la paz en el mundo lo que nos prometió, sino que supiéramos encontrar nuestra propia paz: la paz interna. Pase lo que pase, me quiero replegar en ella.

No por todo lo relatado, deja de ser extremadamente duro lo que me está ocurriendo. Sigo sin entender la hostilidad y el egocentrismo de mucha gente. También sé que tengo que seguir trabajando para llegar a aceptar y respetar las actitudes y los comportamientos de los demás, aunque no esté de acuerdo, y dejar que sea así, tal cual; dejar que sea lo que tenga que ser, que será por algo. Sigo teniendo mucho miedo. Y, desde luego, ¿cómo se puede explicar y encajar el dolor? ¿Cuál es su objetivo? Me gustaría saberlo. El dolor tiene forma de cruz y clavo.

Me encantaba. Os juro que me encantaba mi mar de entonces; era tan azul. Tenía sus días de galerna en las que retumbaba como si estuviera latiéndose sobre sí misma; pero había días que brillaba repleta de miles de destellos celestes. He tenido que dejarla atrás junto a mi barca, que, según parece, ni siquiera la barca me pertenecía. Ya apenas recuerdo cómo era. Ahora sigo buscando. Cuando la encuentre, sabré que esta vez sí será la mía. La verdadera. Será una mar mansa y humilde, y será de otro reino. Sé que la clave está en conseguir vivir desde el «acepto». Intentaré aceptar y recordar: nada está en mis manos, y he entregado mi vida, para que Él, desde su perspectiva y sabiduría, tome las riendas de mi verdadero yo. Debo confiar en todo lo que me pasa, aunque como hormiga diminuta que soy no lo llegue a entender. Sueño en aprender a ser feliz; sueño con no sufrir. Sueño e intento impedir que nada ni nadie perturbe mi

paz interna. Y, sobre todo, sueño que soy la discípula elegida,
que a la que estando junto a mi hijo se acercó y, mirándonos a los
ojos, nos dijo: «Dejad todo y seguidme». Tengo dos opciones: me
puedo sentir como una mujer desgraciada e incapacitada que ha
perdido todo lo que había construido, o bien me puedo sentir un
alma valiente con la oportunidad de comprender el verdadero
sentido de la vida. Si apruebo este curso, quizá mi alma sea muy
ligera, como para llegar a acercarme a los brazos de mi Abbā, a
los brazos de mi Padre. La elección que he hecho está muy clara.
Quiero ser alma valiente. He de ser muy valiente. Pero el dolor
de hoy será el Amor de mañana. No es que lo crea; lo sé.

L. A.

BIBLIOGRAFÍA

Camus, A. (2021). *El mito de Sísifo*. Barcelona: Random House.

Cicerón (2012). *Sobre la vejez/Sobre la amistad*. Madrid: Alianza.

Herrán Gascón, A. de la (1998). *La conciencia humana. Hacia una educación transpersonal*. Madrid: Editorial San Pablo, S.A.

Izaguirre, P. (2021). *Cómo superar el duelo. Hablar de la muerte nos acerca a la vida*. Córdoba: Almuzara.

Jaeger, W. (1988). *Paideia: los ideales de la cultura griega*. Madrid: Ediciones Fondo de Cultura Económica España, S.A. (e.o.: 1957).

Joiner, T. E. (2005). *Why people die by suicide*. Cambridge: Harvard University Press.

Marco Aurelio (2020). *Meditaciones*. Madrid: Edaf.

Maslow, A. H. (1954). *Motivación y personalidad*. Madrid: Sagitario.

Minuchin, S. (2009). *Familias y terapia familiar*. Barcelona: Gedisa.

Perez, L. y Sanchez, N. (2023). *El suicido en la adolescencia*. Madrid: Pirámide.

Rogers, C. (1994). *El proceso de convertirse en persona* (9.ª ed.). Barcelona: Editorial Paidós, S.A.

Séneca, L. A. (2008). *Escritos consolatorios*. Madrid: Alianza.

Sneidman, E. (2004). *Autopsy of a Suicidal Mind*. Oxford: Oxford University Press.

Villar Cabeza, F. (2022). *Morir antes del suicidio: Prevención en la adolescencia*. Barcelona: Herder.

Teilhard de Chardin, P. (1962). *El porvenir del hombre*. Madrid: Taurus Ediciones, S.A.